Kartenlegen für jedefrau und jedermann

Kartenlegen für jedefrau und jedermann

Erna Droesbeke

IRIS
Bücher & mehr

Die Originalausgabe erschien unter dem Titel *Speelkaarten als Spiegel van het Onbewuste* bei Parsifal, 1999, Amsterdam, Niederlande.

Übersetzung: Linda Gräfe
Umschlaggestaltung: Studio Paul C. Pollmann
Foto Umschlag: Annuska Steixner & Ron Bergman

Hinweis des Verlages:
Die Empfehlungen, Informationen, Übungen, Aussagen usw. in diesem Buch wurden von der Autorin und dem Verlag so weit wie möglich erprobt und inhaltlich sorgfältig kontrolliert. Der Autor und der Verlag übernehmen keinerlei Haftung für eventuellen Schaden, der durch den Gebrauch oder Mißbrauch der Information in diesem Buch entsteht. Die Information in diesem Buch ist für Interessierte gedacht und nicht als Therapie- und Diagnoseanweisung zu verstehen.

ISBN 90-76274-62-2

Inhalt

Einführung

Die Geschichte der Spielkarten

Über den Ursprung der Spiel- und Tarotkarten ist wenig bekannt. Im 14. Jahrhundert waren Spielkarten jedoch in Frankreich, Italien, Deutschland, England, in den Niederlanden und in den skandinavischen Ländern allgemein verbreitet. Wo sie genau herstammen, ist zwar unbekannt, es gibt allerdings eine Anzahl Theorien über ihr Entstehen.

Laut Court de Gebelin, dem berühmten französischen Okkultisten des 18. Jahrhunderts, leiten sich die Spiel- und Tarotkarten in direkter Linie von der esoterischen Kenntnis des alten Ägyptens und Chaldäas her. Etteilla behauptet, daß die Karten dem Buch Thot oder dem Buch des Hermes Trismegistos entnommen wurden, das angeblich aus dem Brand der Alexandrinischen Bibliothek gerettet wurde.

Anderen Quellen zufolge waren es die Araber, welche die Spielkarten angeblich in Spanien verbreiteten. Cavelluzzo, ein italienischer Gelehrter des 15. Jahrhunderts, berichtet, daß in Viterbo im Jahre 1379 ein Spiel auftauchte, das von den Sarazenen stammte. Sie nannten dieses Spiel "Naib", was Vizekönig bedeutet. Das spanische Wort "Naipe" (Karte), leitet sich angeblich von diesem sarazenischen Spiel her. Allerdings könnte sich "Naipe" auch vom flämischen Wort "Knaeps" herleiten, was Papier bedeutet und zu jener Zeit allgemein verbreitet war. Niemand weiß es genau.

Laut Merlin (1869) stammen die ersten Spielkarten aus Italien und angeblich haben sie sich aus dem Tarot entwickelt.

Boiteau d'Ambly behauptet, daß die Karten in Indien entstanden sind. Als Moslems nach Indien vordrangen, sollen die dort lebenden Nomaden, von denen die Zigeuner wahrscheinlich abstammen, nach Europa geflüchtet sein. Das Wort "Tarot" leitet sich vermutlich vom ungarischen "Tar" her, das wiederum vom indischen Wort "Taru" abgeleitet ist. Die Zigeuner sprechen eine Sprache, die sich wahrscheinlich aus dem Sanskrit entwickelt hat und vermutlich waren sie es, die das Tarot auf ihrer Flucht mitgenommen haben. Später benutzten sie das Tarot angeblich als Orakelspiel, um so ihren Lebensunterhalt zu bestreiten. Die Araber kamen auf diese Weise mit dem Spiel in Kontakt und haben es übernommen. Anderen Quellen zufolge waren es die Inder, die das Spiel aus Europa importiert haben sollen.

Wie dem auch sei, es ist auf jeden Fall verbürgt, daß die Chinesen die ältesten Spielkarten der Welt besitzen. Angeblich wurde dieses "Phai" genannte Spiel von einem chinesischen Offizier entworfen, der es um 1120 herum am kaiserlichen Hof eingeführt haben soll. Das Spiel bestand aus 32 elfenbeinernen Steinen und erinnert an das heutige Domino. Wer es aufmerksam betrachtet, wird jedoch feststellen, daß dieses Spiel mehr Ähnlichkeiten mit dem Kartenspiel aufweist. Später wurde das "Phai" angeblich auch aus Bein und Papier angefertigt.

Es ist übrigens bemerkenswert, daß sich die europäischen Kartenspiele und die chinesischen Karten unabhängig voneinander entwickelt haben. Wo stammen das Tarot und das Kartenspiel her? Aus Indien, Ägypten, China oder aus Arabien? Ihr Ursprung ist von Geheimnissen umwittert, was womöglich sogar das Magische, den Reiz dieses Spiels steigert.

Berühmte Okkultisten und Kartenleger in vergangenen Zeiten

Wenn wir uns etwas eingehender mit der Geschichte des Wahrsagens mit Spielkarten und Tarot beschäftigen, so stoßen wir schon bald auf drei große Namen: Papus, Madame Lenormand und Etteilla.

Papus, ein berühmter französischer Okkultist des 19. Jahrhunderts, dessen Mutter von den Zigeunern abstammte, ließ sich von dem Werk eines anderen berühmten französischen Okkultisten, Eliphas Levi, inspirieren.

Der talentierte Künstler Goulinat erhielt von Papus den Auftrag, ein Tarot herzustellen, das auf dem klassischen Marseiller Tarot zu 78 Blatt und den okkulten Einsichten Eliphas Levis basierte. Papus interessierte sich nicht nur für Tarot, sondern auch für die Kunst des Kartenlegens mit gewöhnlichen Spielkarten. Seine zwei wichtigsten Werke zu diesem Thema sind: "Le tarot des Bohemiens" und "Le tarot divinatoire".

Etteilla fertigte ein Tarot mit 78 gezeichneten Karten an, das auf der alten Kenntnis der Ägypter basierte. Er verwendete hauptsächlich ein handliches Pikettspiel zu 32 Spielkarten.

Sowohl Papus, Etteilla als auch Madame Lenormand haben einen wichtigen Beitrag zum Bereich des Okkultismus und zur Kunst des Kartenlegens geleistet. Ihre originelle Auffassung der Karten hat viele moderne Okkultisten beeinflußt und inspiriert.

Es ist nicht die Absicht, daß man ihre Kenntnis ohne weiteres übernimmt, sie sollte vielmehr mit den modernen Anforderungen der heutigen Zeit und den neuen psychologischen Einsichten und Entwicklungen kombiniert und an sie angepaßt werden. "Kartenlegen für jedefrau und jedermann" hofft, hierzu einen Beitrag leisten zu können.

Die Bedeutung der 52 Spielkarten

HERZ ZWEI

Herz Zwei kennt den Weg und die Sprache.
Analyse

Schlüsselworte
Herz Zwei symbolisiert die Gefühle des Fragestellers und sagt etwas über die nahe Zukunft aus. Diese Karte verrät etwas über die Suche nach dem Selbst.

Persönlichkeit der Karte
Herz Zwei zeigt die Gefühle und Emotionen des Fragestellers. Laut Madame Lenormand symbolisiert Herz Zwei die nahe Zukunft des Fragestellers. Herz Zwei wird vom Planeten Jupiter regiert.

Orakel
Aufrecht: Selbstlose Liebe und Freundschaft.
Herz Zwei hat oft mit der Zeit zu tun, und zwar vor allem mit dem Jetzt. Diese Karte kündigt an, daß dasjenige, woran man denkt, sich innerhalb weniger Tage offenbaren wird. Mit anderen Worten: Wenn man etwas unternehmen will oder sich etwas gewünscht hat, so sollte man herausfinden, ob sich nicht bestimmte Chancen oder Möglichkeiten, die man noch nicht entdeckt hat, im Jetzt verbergen. Entdecke sie! Es wird Zeit für Veränderungen!

Verkehrt herum: Aufbruch
Herz Zwei kündigt einen Aufbruch an.
Diese Karte verkündet, daß du aus deiner jetzigen Situation heraus willst. Sie warnt darum vor einem übereilten, fluchtähnlichen Aufbruch. Du solltest gut nachdenken, bevor du eine Entscheidung triffst. Erwäge erst alle Möglichkeiten - du solltest die Bilanz ziehen, dir einen Überblick über dein Leben verschaffen und dir jede Entscheidung gründlich überlegen.

Ein Blick in die Zukunft
Die Position, auf der Herz Zwei liegt, verkündet näheres über die Lage, in der sich der Fragesteller befindet. Die Karten auf den vier umringenden Lebenssituationen geben an, was die kommenden Tage geschehen kann.

HERZ DREI

Herz Drei hat Talent.
Inspiration

Schlüsselworte
Ideen, Inspiration, Talent, Kreativität, Wachstum.

Persönlichkeit der Karte
Herz Drei steht für eine talentierte, künstlerisch veranlagte oder kreative Persönlichkeit. Madame Lenormand zufolge symbolisiert Herz Drei eine talentierte Person und zündende Ideen.
Herz Drei wird vom Planeten Neptun regiert.

Orakel
Aufrecht: Ideen und Talent.
Mit Hilfe von Herz Drei müssen sich die Veranlagungen entfalten. Diese Karte taucht oft bei brillanten Persönlichkeiten oder Menschen mit großartigen Ideen auf.
Diese Karte kündigt die Entwicklung einer bestimmten Idee an. Jetzt ist der Moment angebrochen, in dem eine neue Unternehmung in Angriff genommen oder eine bestimmte Idee entwickelt werden sollte. Vor allem Künstler oder Menschen mit einem kreativen Beruf sollten versuchen, von dieser Periode zu profitieren.

Verkehrt herum: Bestimmte Ideen werden nicht realisiert.
Bestimmte Ideen werden nur mit großer Mühe realisiert. Du solltest dich jedoch nicht entmutigen lassen. Betrachte die Dinge etwas distanzierter. Du solltest bestimmte Ideen loslassen und alle Möglichkeiten überprüfen, damit deine Absichten von Erfolg gekrönt sein werden.

Ein Blick in die Zukunft
Herz Drei kündigt stets Wachstum an. Achte darum genauestens auf die Position, auf der die Karte erscheint. Verkehrt herum kündigt die Karte an, daß dich eine kleine Enttäuschung oder Hindernisse erwarten.

HERZ VIER

Herz Vier: Erst wägen, dann wagen.
Besinnung

Schlüsselworte
Zufriedenheit, Besinnung, mystisches Bewußtsein, Verführung, Neuigkeiten, Berichte, Einladung, Geschenke.

Persönlichkeit der Karte
Herz Vier personifiziert eine ruhige oder mystisch veranlagte Person, die über das Leben nachdenkt. Nach einem materiellen Gewinn will sie sich auch in Mystik oder Spiritualität vertiefen. Doch enthält diese Karte eine Warnung vor Vagheit und Naivität. Madame Lenormand zufolge symbolisiert Herz Vier Verführung.
Herz Vier wird vom Sternzeichen Fische und dem Planeten Neptun beeinflußt. Diese Karte zeigt meistens eine Frau.

Orakel
Aufrecht: Ein verführerischer Vorschlag.
Herz Vier lädt dazu ein, sich mit der Situation, in der man sich befindet, auseinanderzusetzen. Ist dein Leben eigentlich befriedigend oder haben sich Langeweile und Unzufriedenheit eingeschlichen?
Es wird Zeit, über das Leben nachzudenken...
Herz Vier deutet auf ein heiteres und zufriedenes Leben hin. Du solltest in der jetzigen Situation glücklich und zufrieden über dasjenige sein, was du erreicht hast, aber nach deinem Geschmack verläuft alles zu reibungslos. Manchmal sehnst du dich wieder nach einem Abenteuer, damit du dem grauen Alltag entkommen kannst. Würde doch endlich etwas passieren... Kopf hoch, dich erwarten neue Dinge. Man will dich einladen. Du wirst andere Menschen kennenlernen und es könnte sein, daß du mit jemandem Freundschaft schließt.
Eine freundliche Person denkt daran, dich mit einem schönen Geschenk zu überraschen, sie weiß jedoch nicht, was du dir wünschst. Du solltest dich auf das konzentrieren, was du gerne bekommen möchtest; vielleicht fängt der andere deine Gedanken auf! Jemand denkt an dich und würde dir gerne seine Gefühle zeigen.
Diese Karte berichtet auch von mystischem Bewußtsein; geistige Angelegenheiten ziehen dich an und du willst gerne etwas darüber lesen. Das solltest du auch tun!

Verkehrt herum: eine Weigerung.
Es sieht so aus, daß du trotz deiner vielen guten Absichten und Anstrengungen keinen Schritt weiter kommst. Um es etwas grob auszudrücken: Du hast es gründlich satt. Du bist mit deiner derzeitigen Situation unzufrieden. Du machst deine Arbeit mit Widerwillen und am liebsten würdest du die Flinte ins Korn werfen. Du solltest

es vermeiden, dich Hals über Kopf in ein Liebesabenteuer zu stürzen, weil du dir die Langeweile vertreiben willst.
Das könnte nämlich schlecht enden. Du solltest dir jeden Vorschlag, der dir gemacht wird, sehr gründlich überlegen, so daß du es später nicht zu bereuen brauchst, wenn du dich darauf eingelassen hast. Liegt Herz Vier verkehrt herum, so deutet sie darauf hin, daß dich Zweifel quälen, du weigerst dich jedoch, auf dem einmal eingeschlagenen Pfad weiterzuschreiten. Du willst ausbrechen, Veränderung... Du bist ein leichtes Opfer für den verführerischen Vorschlag eines Menschen, der nichts Gutes im Schilde führt.
Du solltest vor schlechten Ratgebern oder zweifelhaften Ratschlägen auf der Hut sein!

Ein Blick in die Zukunft
Herz Vier bringt Besinnung ins Leben. Du gerätst - berechtigterweise - in eine kontemplative Phase. Ankündigung einer neuen Unternehmung oder einer Romanze. Wäge das Für und Wider der Dinge sorgfältig gegeneinander ab.
Eine aufrechte Pik Fünf, die an einer der Ecken der Herz Vier liegt, kann die Ankündigung des Todes eines Elternteils oder eines guten Freundes sein.

HERZ FÜNF

Herz Fünf erreicht mehr durch Diplomatie.
Vorsicht

Schlüsselworte
Vertrauen, diskret, diplomatisch, Geheimnis, Vorsicht, Personal.

Persönlichkeit der Karte
Herz Fünf steht für eine diskrete und zuverlässige Person, die gut mit dem Personal zusammenarbeiten kann. Ein geborener Vermittler. Laut Madame Lenormand symbolisiert Herz Fünf eine Besprechung; man sollte untersuchen, ob die Sache keinen Haken hat!
Herz Fünf wird von den Planeten Merkur und Saturn beeinflußt.

Orakel
Aufrecht: Vertrauliche Gespräche. Diskretion.
Herz Fünf handelt vertraulich und bedachtsam. Eine bestimmte Angelegenheit verlangt Diskretion und diplomatisches Geschick, damit sie gut abläuft. Diese Karte taucht oft bei Menschen auf, die im diplomatischen Dienst oder Staatsdienst tätig sind. Zusammenarbeit mit Personal. Ein gutes Verhältnis zu Angestellten. Mit Herz Fünf werden Heiratspläne geschmiedet, die notariell beglaubigt werden müssen. Freude über eine Hochzeit oder eine Verbindung, die in Aussicht steht. Alte Freunde finden einander wieder. Ein Streit wird beigelegt.
Jemand kommt zu dir.

Verkehrt herum: Mißtrauen, Verrat oder Indiskretion.
Jemand, von dem du es niemals erwartet hättest, gibt ein Geheimnis preis. Du hast jemandem vertraut, dem du niemals hättest vertrauen sollen. Mißtrauen im Umfeld. Hinterhältigkeit des Personals. Du solltest vor jemandem aufpassen, der sich anders gibt, als er ist. Eine Verhandlung geht schief. Enttäuschung über eine gut vorbereitete Angelegenheit. Wenn du etwas verlierst, so bedeutet das nicht, daß alles verloren ist! Achte darauf, daß man dir genug Wechselgeld herausgibt. Man nutzt dich heimlich aus. Du befindest dich in einer frustrierenden Lage.

Ein Blick in die Zukunft
In diesem Lebensabschnitt stehen geheime oder diskrete Wünsche und Besprechungen im Mittelpunkt. Ein Karo Bube an einer der Ecken der Herz Fünf kündigt einen Vertragsbruch oder einen anderen Bruch an.

HERZ SECHS

Herz Sechs ist romantisch.
Geburt

Schlüsselworte
Romantik, Erinnerung, Harmonie, Beliebtheit, Fortschritt, Erfolg, Wille, Veranlagung, Geburt, Berufsleben.

Persönlichkeit der Karte
Herz Sechs ist romantisch und liebt Romantik und Frieden. Es ist eine sensible Persönlichkeit mit einem mütterlichen Charakter. Madame Lenormand zufolge symbolisiert Herz Sechs eine Geburt, eine neue Unternehmung oder Erfolg im Berufsleben. Herz Sechs steht unter dem Einfluß der Planeten Venus und Jupiter.

Orakel
Aufrecht: Fortschritt und Beliebtheit in der Gesellschaft. Romantik.
Herz Sechs steht für Freude und Wohlbefinden. Erinnerung an die Wärme des Elternhauses. Man bekommt ein schönes Geschenk von einem Verstorbenen, der einem lieb war. Herz Sechs steht für ein glückliches Eheleben, eine gute Beziehung zu Kindern und sie kündigt eine Geburt an. Man macht Fortschritte im Leben. Man hat Erfolg oder etwas Neues, das man sich zunutze machen kann, kreuzt unseren Weg. Diese Karte verheißt Beliebtheit und Erfolg. Man kommt in eine andere Umgebung und baut einen neuen Bekanntenkreis auf. Herz Sechs bewirkt, daß ein Mann einen Heiratsantrag macht. Einer Frau wird eine Begegnung mit einem Mann verhießen (was eine Heirat bedeuten kann) oder ihr wird eine Schwangerschaft oder Geburt in Aussicht gestellt.

Verkehrt herum: gesellschaftliche Pflichten.
Auch verkehrt herum hast du von der Herz Sechs nur Gutes zu erwarten. Verkehrt herum verweilt diese Karte bei den Launen des Lebens, wodurch man eine Chance bekommt oder sich eine Überraschung ergibt, die Freude oder Erfolg bedeutet. Dir wird unerwarteterweise ein festlicher Empfang bereitet. Dir wird eine Erbschaft in Aussicht gestellt. Einer Frau verheißt diese Karte, daß sie einen reichen Mann heiraten wird oder daß sie eine Vernunftehe erwägt. Du solltest jedoch im Auge behalten, daß die Liebe die Grundlage einer glücklichen Ehe ist! Eine geschäftige Zeit bricht an, in der du zahlreiche gesellschaftliche Pflichten erfüllen mußt. Liegt die Herz Sechs verkehrt herum, so warnt dich die Karte davor, daß du dich zuviel mit der Vergangenheit beschäftigst. Widme dich lieber den Chancen, die das Jetzt bietet.

Ein Blick in die Zukunft
Herz Sechs verheißt ein glückliches Familienleben, eine Geburt sowie Beliebtheit und Fortschritt in der Gesellschaft.

HERZ SIEBEN

Herz Sieben ist an Leib und Seele gesund.
Gesundheit

Schlüsselworte
Aufblühende Liebe, Verlangen, Geburt, Gesundheit, Phantasie, Pläne schmieden, das Herz und die Denkungsart.

Persönlichkeit der Karte
Herz Sieben stellt oft ein blondes Kind, eine junge Frau oder eine Freundin mit blondem oder kastanienbraunem Haar und blauen oder grünen Augen dar. Sie hat eine blühende Phantasie, sie ist zielstrebig und sie ist eine Meisterin, was das Schmieden von Plänen anbelangt. Madame Lenormand zufolge symbolisiert Herz Sieben die psychische und physische Gesundheit einer jungen Frau oder Freundin, die zu Besuch kommt.
Herz Sieben steht unter dem Einfluß der Planeten Sonne, Mond und Merkur.

Orakel
Aufrecht: Glück in der Liebe und Gesundheit. Schwangerschaft oder Geburt. Neuigkeiten von einem Gast. Herz Sieben stellt oft die Denkungsart und die Gefühle, die man für jemanden hegt, dar. Diese Karte sprüht vor Ideen, die verwirklicht werden wollen. Herz Sieben prophezeit, daß jemand, der sich ein Ziel gesteckt hat, es mit der nötigen Willenskraft auch erreichen wird. Eine ausgezeichnete Periode, um bestimmte Pläne zu verwirklichen.
Man hört überraschende Neuigkeiten von jemandem, der zu Besuch kommt. Du solltest Postsendungen und vertrauliche Dokumente diskret behandeln.
Jemand ist verliebt in dich. Ein stiller Verehrer kann seine Gefühle für dich leider nicht äußern, da die Lage, in der er steckt, ihn daran hindert. Er kann zum Beispiel verheiratet sein oder er kann dich unmöglich erreichen, da er vielleicht in einem fernen Land sein Glück sucht. Eine aufblühende Romanze, Glück in der Liebe und eine gute Gesundheit versprechen viel Gutes für die Zukunft. Eine Frau wird schwanger.

Verkehrt herum: Kleine Sorgen. Schlechte Gesundheit. Unfruchtbarkeit.
Herz Sieben kündigt oft Schulden an. Diese Karte ist eine Warnung: man sollte sich nicht verzetteln, man sollte seine Talente nicht vergeuden, man sollte sich keinen Illusionen hingeben und keine Luftschlösser bauen. Halte Deine Phantasien nicht für die Wirklichkeit! Wenn du dir ein bestimmtes Ziel gesetzt hast, sollte es nicht nur bei den guten Vorsätzen bleiben. Arbeite daran! Ideen können nicht verwirklicht werden.
Du solltest vor Indiskretion, Gerede und scheinheiligen Menschen aufpassen. Liegt diese Karte verkehrt herum, so kündigt sie kleine Sorgen, Kummer und eine schlechte Gesundheit durch Nervosität und Unfruchtbarkeit an.

Ein Blick in die Zukunft
Herz Sieben mahnt, daß du nicht nur Pläne machen solltest. Wenn du wirklich etwas erreichen willst, mußt du darauf hinarbeiten und alle Möglichkeiten erwägen, die zum Erreichen Deines Ziels förderlich sind. Liegt die Pik Zehn oder der Pik Bube an einer der Ecken der Herz Sieben, so solltest du eine soeben gestartete Unternehmung schnellstens abstoßen. Die Sache hat einen Haken. Hast du auch das Kleingedruckte im Vertrag gelesen?
Grenzen Karten mit einer günstigen Botschaft an die Herz Sieben, so wird ein Verwandter oder treuer Freund Glück haben.

HERZ ACHT

Herz Acht ist glücklich.
Freude

Schlüsselworte
Freude, Inspiration, Erfolg, Freundschaft, Fortschritte in der Liebe und in der Gesellschaft, Blumen, eine Schwester.

Persönlichkeit der Karte
Herz Acht hat eine frohe und heitere Wesensart und liebt Feste und Ausgehen. Madame Lenormand zufolge symbolisiert die Herz Acht Freude, ein Fest oder Fortschritte in der Liebe und in der Gesellschaft.
Herz Acht wird von den Planeten Mond und Venus beeinflußt.

Orakel
Aufrecht: Glück in der Liebe. Ein Feind verschwindet.
Herz Acht personifiziert oft ein blondes Mädchen. Die Karte prophezeit eine tiefe Zuneigung oder eine Freundschaft zu jemandem. Du bist voller Erwartung. Es wird dir etwas Schönes widerfahren, wie zum Beispiel eine herrliche, neue Romanze oder eine glückliche Ehe. Du kannst das Herz Deines Auserwählten erobern und deine zärtlichen Gefühle werden erwidert. Eine Tochter oder eine junge Freundin werden dir viel Freude bereiten. Eifersucht wird aus deiner Umgebung verschwinden.
Es ist eine Zeit der Feste und der Begegnungen; es werden Gäste kommen, mit denen du viel Spaß haben wirst und du wirst zu einem schönen Ausflug eingeladen. Du unternimmst Autofahrten oder kurze Reisen. Du bekommst Blumen geschenkt. Du wirst eine neue Arbeitsstelle bekommen und auf der Stufenleiter des Erfolgs emporsteigen. Du wirst Erfolg haben oder beruflich befördert werden. Ein Feind oder Widersacher verschwindet aus deiner Umgebung. Diese Karte kündigt Glück im Spiel und in Geschäften an.

Verkehrt herum: Unerwiderte Liebe oder Eifersucht. Herz Acht personifiziert eine junge Frau mit blondem oder kastanienbraunem Haar oder ein Schwester. Jemand hat dich enttäuscht. Dein Gefühl verändert sich; Gleichgültigkeit tritt an seine Stelle. Du fühlst dich verlassen und im Stich gelassen. Eifersucht kündigt sich an. Ein eifersüchtiger Mensch versucht deine Herzenswünsche zu vereiteln. Du solltest vor Launenhaftigkeit und Untreue in der Liebe auf der Hut sein.
Eine auf dem Kopf liegende Herz Acht bedeutet einen enttäuschten oder abgewiesenen Liebhaber.
Deine aufrichtigen Gefühle werden übergangen. Du unternimmst nichts, da du weißt, daß du doch nichts daran ändern kannst. Es ist eine labile und beunruhigende Periode, in der alle Gefühle überdacht werden müssen.

Liegt diese Karte verkehrt herum, so kündigt sie oft eine aufopferungsbereite Person an, die das Zölibat ernsthaft erwägt.

Ein Blick in die Zukunft

Herz Acht prophezeit eine beglückende Zeit. Gleichzeitig warnt sie vor Leichtsinn und Launenhaftigkeit der Gefühle. Liegt Herz Neun an einer der Ecken der Herz Acht, so wird prophezeit, daß all deine Träume in Erfüllung gehen...

HERZ NEUN

Herz Neun wünscht sich etwas.
Wohlbefinden

Schlüsselworte
Glück, Beliebtheit, Freundschaft, Wohlbefinden, Berichte, ein Herzenswunsch und eine Sache geht gut aus.

Persönlichkeit der Karte
Herz Neun fühlt sich wohl in ihrer Haut. Sie hat eine heitere und optimistische Haltung dem Leben gegenüber. Aufgrund ihrer positiven Persönlichkeit zieht sie viele Menschen an, die sich ihrer Wärme erfreuen. Madame Lenormand zufolge symbolisiert die Herz Neun Berichte über Erfolge, einen guten Ausgang und Beliebtheit. Herz Neun steht unter dem Einfluß des Sternbildes Löwe und der Planeten Sonne und Merkur. Diese Karte stellt meistens einen Mann dar.

Orakel
Aufrecht: Berichte über einen Herzenswunsch. Beliebtheit und Freundschaft.
Herz Neun prophezeit Glück und Wohlbefinden. Ein Herzenswunsch wird erfüllt. Die Gesundheit ist ausgezeichnet. Wer krank ist, wird schnell wieder gesund. Man erlebt eine fruchtbare und sexy Periode mit Aussicht auf eine Schwangerschaft!
Es strömen nur gute Berichte herein. Die Zukunft sieht rosig aus, du kannst dich ins gemachte Bett legen... In materieller Hinsicht wird es dir an nichts mangeln. Eine schwierige Situation wird geschickt bewältigt und geht gut aus. Du wirst Triumphe feiern. Eine Periode des Erfolges und Wohlbefindens wird angekündigt.
Verkehrt herum: Eine kleine Enttäuschung.
Herz Neun auf dem Kopf warnt vor Selbstzufriedenheit, ungesunder Neugier, Langeweile und Eitelkeit.
Sei nicht so verlegen!
Jemand, der dir lieb ist, muß eine Enttäuschung einstecken. Ein bestimmter Plan ist aussichtslos. Man muß ein bestimmtes Hindernis nehmen. Man bedauert einen nahen Abschied von Menschen oder Dingen. Doch hat man die Menschen und die Dinge nicht im Griff. Eine riskante Periode, in der man sich leicht dem Alkohol, den Drogen, der Gefräßigkeit und dem Sex hingeben könnte.

Ein Blick in die Zukunft
Herz Neun prophezeit eine günstige Zeit, in der man bestimmte Zukunftspläne schmieden und verwirklichen kann. Das Schicksal wird eine günstige Wendung nehmen. Kreuz Sieben an einer der Ecken der Herz Neun bedeutet, daß ein Vorsatz eingehalten wird; man macht dir ein interessantes Angebot.

HERZ ZEHN

Herz Zehn bedeutet Glück in der Ehe und der Familie.
Eintracht

Schlüsselworte
Ehe, Unschuld, Treue, Freundschaft, Aufrichtigkeit, die Persönlichkeit einer jungen Frau, Familie, Freunde, Reichtum, die Stadt, in der man lebt.

Persönlichkeit der Karte
Herz Zehn verkörpert ein warmes und liebevolles Mutterherz, deren Haus jedem offensteht. Diese Persönlichkeit steht der Familie immer zur Verfügung und ist jederzeit dazu bereit, Frieden, Harmonie und Glück sicherzustellen. Diese Karte bedeutet auch Unschuld, Reinheit und Naivität; Gefühle, die manche zu mißbrauchen wagen. Laut Madame Lenormand symbolisiert Herz Zehn eine mütterliche, junge Frau, eine treue Freundschaft und eine glückliche Verbindung.
Herz Zehn wird von den Planeten Mond und Venus beeinflußt.

Orakel
Aufrecht: Liebe und Freundschaft zu Hause, die Ehe.
Herz Zehn kündigt eine glückliche Ehe und ein glückliches Familienleben an. Hier ist man jederzeit willkommen. Diese Karte prophezeit darum auch viel Nachkommenschaft und einen großen Freundeskreis. Oft prophezeit Herz Zehn die Persönlichkeit oder den Charakter einer jungen Frau, für die man die Frage stellt. Man schaut den Dingen, die kommen werden, erwartungsvoll entgegen... Wünsche werden erfüllt; ein Erbe bedeutet Freude und Reichtum im häuslichen Bereich. Alles, was man unternimmt, wird von Erfolg gekrönt sein. Unangenehme Situationen werden mit Schwung gemeistert. Man wird von treuen Freunden umringt. Geschäftsreisen werden günstig und erfolgreich sein.

Verkehrt herum: Unsicherheit und Unruhe im häuslichen Bereich. Aufenthalt. Du solltest es vermeiden, zu naiv oder zu vertrauensvoll zu sein, denn man wird deine Gefühle mißbrauchen und zu eigenen Zwecken nutzen. Ungewißheit in der Liebe untergräbt die Psyche oder die Gesundheit. Die geliebte Person wird später eintreffen als erwartet. Ein Rivale liegt auf der Lauer. Eine Hochzeit wird verschoben. Du solltest auch vor einer erzwungenen Heirat aufpassen, zum Beispiel aufgrund einer unerwünschten Schwangerschaft.
Auch Neid, Wetteifer und Rivalität zwischen Familienmitgliedern sind zu erwarten. Darum sollte man mit Streit und Gezänk rechnen. Man wird von Menschen betrogen, von denen man es niemals erwartet hätte. Herz Zehn auf dem Kopf kündigt auch den Bruch einer Freundschaft an. Verabredungen werden verschoben, Dokumente kommen zu spät an und man ärgert sich maßlos über allerlei Verspätungen im geschäftlichen Bereich.

Ein Blick in die Zukunft

Herz Zehn prophezeit Glück und Freude zwischen Ehepartnern und in der Familie. Dieser Karte sind das Familienleben, die Familie und gute Freunde zugeordnet.

Ein As an einer der Ecken der Herz Zehn kündigt eine Hochzeit an. Karo Sieben an einer der Ecken deutet Meinungsverschiedenheiten und Uneinigkeit im Hause an.

HERZ BUBE

Herz Bube gibt Liebe.
Liebe

Schlüsselworte
Liebe, Ehrlichkeit, Hilfe, Liebesbotschaft, romantisches Angebot oder romantische Einladung, Geburt, das Kind.

Persönlichkeit der Karte
Herz Bube ist ein junger Mann oder ein Kind mit blondem oder kastanienbraunem Haar und blauen, grauen oder hellbraunen Augen. Er lädt zu Glück und Freude ein. Er ist eine intelligente und romantische Persönlichkeit, die jederzeit hilfsbereit ist. Seine Absichten sind gut. Er ist ehrlich und aufrichtig, gutherzig und treu. Madame Lenormand zufolge symbolisiert der Herz Bube einen hingebungsvollen jungen Mann oder ein hingebungsvolles Kind, einen treuen Liebhaber oder eine innige Romanze. Herz Bube wird vom Sternbild Widder und den Planeten Mars und Venus beeinflußt. Diese Karte stellt meistens einen jungen Mann dar.

Orakel
Aufrecht: Die Liebe, der Liebhaber oder eine Liebesnachricht.
Ein freigebiger oder ein junger Mann, ein Verlobter, Student, Künstler, Soldat oder Kind hat viel Einfluß auf dein Leben. Ein neuer Vorschlag oder eine Einladung wird dein Leben gründlich verändern. Dir wird ein Stellenwechsel angeboten. Jemand macht dir einen Heiratsantrag. Du bekommst eine Nachricht, die dich glücklich machen wird. Eine Geburt oder ein Kind werden dir viel Freude bereiten. Eine neue Umgebung wird sehr angenehm für dich sein, da die Menschen jederzeit hilfsbereit sind. Diese Karte steht für Fortschritte in jeder Hinsicht. Die Zukunft sieht rosig aus!

Verkehrt herum: Entfremdung zwischen Liebenden.
Man erlebt eine Enttäuschung in der Liebe oder mit einem Liebhaber. Liebende werden sich voneinander entfremden. Eifersucht wird einem Probleme bereiten. Aufgepaßt vor einem Rivalen oder einer Rivalin! Ein abgewiesener Liebhaber wird Schwierigkeiten bereiten.
Man wird dir einen verführerischen Vorschlag machen, der allerdings eigennützig ist. Die wirklichen Absichten sind geschickt getarnt. Lese auch das Kleingedruckte im Vertrag! Du wirst bald eine Enttäuschung zu verarbeiten haben. Bevor du dein Ziel erreichst, mußt du eine Anzahl Hindernisse nehmen. Nimm dich vor Aberglauben in acht.

Ein Blick in die Zukunft
Herz Bube prophezeit einen Liebhaber, eine Liebesnachricht, einen Antrag oder einen interessanten Vorschlag. Wenn Herz Bube den Fragesteller nicht anschaut oder in der Kartenkombination verkehrt herum liegt, so muß man mit einem eifersüchtigen oder abgewiesenen Liebhaber rechnen.

HERZ DAME

Herz Dame behandelt Menschen, die sie lieb hat, fürsorglich.
Zuneigung

Schlüsselworte
Die Traumwelt, Phantasie, Liebe, Zuneigung, Hingabe, Pflege, Weisheit, Hilfe und Mittelpunkt der Familie, mütterliche Sorge, Veränderung, Umzug, die Mutter, die Ehefrau oder eine blonde, hingebungsvolle Freundin.

Persönlichkeit der Karte
Herz Dame ist eine Frau mit blondem, kastanienbraunem oder grauem Haar und blauen oder grünen Augen. Sie ist sanftmütig und freundlich und besonders hilfsbereit. Sie personifiziert den Mittelpunkt der Familie, sie ist die Mutter oder die Ehefrau. Sie hat einen liebenswürdigen und poetischen Charakter. Diese Karte bedeutet auch eine reiche Phantasie, eine poetische Veranlagung und einen klugen Weitblick oder prophetische Eigenschaften.
Herz Dame muß Rechenschaft über ihre Träume ablegen, denn sie gehen oft in Erfüllung.
Madame Lenormand zufolge symbolisiert Herz Dame eine hingebungsvolle, hilfsbereite Frau, eine Änderung der Lebensumstände oder einen Umzug.
Herz Dame wird vom Sternbild Jungfrau und den Planeten Mond, Merkur und Jupiter beeinflußt. Diese Karte zeigt meistens eine Frau.

Orakel
Aufrecht: Eine blonde Fragestellerin, die Mutter, die Ehefrau oder die hingebungsvolle Freundin. Günstige Veränderung der Lebensumstände oder ein Umzug.
Herz Dame kündigt eine Periode des Erntens an; man wird die Früchte seiner Arbeit pflücken können, eine Reise wird günstig verlaufen, das Bankguthaben wächst oder man macht einen wichtigen oder schönen Ankauf für sein Haus.
Herz Dame personifiziert eine blonde Fragestellerin, eine freundliche Frau, die einen liebevoll umsorgt oder eine treue Freundin. Sie kündigt immer Hilfe und Zuneigung an. Mit ihr in der Nähe wird man in allen Unternehmungen erfolgreich sein oder man unternimmt eine angenehme Reise ohne Zwischenfälle. Menschen, die gerne im Garten oder auf dem Lande arbeiten, werden reiche Ernten prophezeit.
Diese Karte kündigt eine glückliche Ehe an, eine günstige Veränderung der Lebensumstände oder ein Umzug in ein schönes Haus.
Wenn diese Karte von einer älteren Person gelegt wird, so prophezeit Herz Dame ein schönes Alter.
Ist der Fragesteller ein junger Mann, so personifiziert die Herz Dame den Charakter des Mädchens, das er heiraten will.

Verkehrt herum: Eine leichtsinnige und verschwenderische Frau.
Vereitelte Hoffnung oder der Bruch mit einer Frau. Herz Dame auf dem Kopf kündigt eine instabile Situation an. Man bekommt es mit einer unzuverlässigen oder leichtsinnigen Person zu tun. Diese Karte prophezeit Eifersucht, Unehrlichkeit und die Entartung emotionaler Beziehungen. Auf diese Frau sollte man nicht zu viel bauen. Sie verrät deine Geheimnisse und mißbraucht dein Vertrauen.
Für den Fragesteller kann die Herz Dame auf dem Kopf einen Bruch mit der Frau, die er liebt, bedeuten. Um hierüber mehr zu erfahren, muß er die Bedeutung der Karten, die diese Karte umringen, berücksichtigen.

Ein Blick in die Zukunft
Herz Dame übt einen günstigen Einfluß auf die Karten aus, die sie umringen.
Wenn Herz As eine der Ecken der Herz Dame berührt, so wird dir die Hochzeit einer Person aus dem Bekanntenkreis angekündigt.
Mit Kreuz Zehn zusammen deutet die Herz Dame auf eine mütterliche Figur hin.

HERZ KÖNIG

Herz König trägt Verantwortung.
Verantwortung

Schlüsselworte
Verantwortung, Kreativität, Schutz, Unterstützung, Treue, Freude, gutherzig, freigebig, Haus und Herd, Eheleben, der Vater, der Ehemann, ein blonder Fragesteller, ein Beschützer oder ein Geschäftsmann.

Persönlichkeit der Karte
Herz König ist ein Mann mit blondem, kastanienbraunem oder grauem Haar und blauen Augen. Er steht für den Vater oder Ehemann, für einen Beschützer oder einen Geschäftsmann. Er ist der Familienvater, der die Familie unterhält. Er ist wie ein Fels in der Brandung. Sein gutherziger und freigebiger Charakter bietet jedem, der es nötig hat, Hilfe und Schutz. Er trägt die Verantwortung für Menschen und Tiere und für alles, was mit der Familie oder dem Haushalt zusammenhängt.
Herz König ist ein Mann mit Ideen, die er sowohl in der Kunst als auch in der Wissenschaft einsetzt. Er hat ein unglaubliches Fingerspitzengefühl, was das Bestimmen des richtigen Zeitpunkts zum Ausführen von Plänen anbelangt und er legt dabei so viel Gespür an den Tag, so daß er schon vor dem Rentenalter in Rente gehen oder sich auf seinen Lorbeeren ausruhen kann.
Madame Lenormand zufolge symbolisiert der Herz König Hilfe und Schutz eines freundlichen Mannes und Glück im häuslichen Bereich. Herz König steht unter dem Einfluß der Planeten Sonne und Mond. Diese Karte stellt meistens einen Mann dar.

Orakel
Aufrecht: Ein blonder Fragesteller, der Vater oder Ehemann, der Geschäftsmann. Verantwortung für eine Familie. Glück im Hause. Haus und Herd. Der Herz König prophezeit Freude und Glück häuslichen Bereich. Man sorgt gut für dich.
Die Karte personifiziert einen blonden Mann, jemanden, der Verantwortung für eine Familie trägt oder einen Geschäftsmann. Du bekommst Hilfe von einem wohlhabenden oder einflußreichen Mann, der dir mit Rat und Tat zur Seite steht. Er übernimmt die Verantwortung für dich und wird deine Interessen ehrlich und engagiert vertreten. Herz König kündigt an, daß man in Unternehmungen erfolgreich ist, Reichtum mit Hilfe von Geschäften erwirbt und gesellschaftlichen Erfolg hat.
Der Fragesteller darf Hilfe von einer älteren oder gelehrten Person erwarten, wenn Herz König in die Richtung der persönlichen Karte oder zur Mitte der Kartenkombination schaut.
Einer jungen Frau kündigt diese Karte die Begegnung mit dem Mann ihrer Träume an.

Verkehrt herum: Ein temperamentvoller, aufbrausender und verantwortungsloser Mann.
Unrecht oder Verlust. Sogar, wenn diese Karte verkehrt herum liegt, hat sie einen positiven Einfluß auf andere Karten. Vor allem, wenn die anderen Karten Herz König berühren, beeinflussen sie die Karte positiv. Verkehrt herum legt Herz König jedoch ein paar Steine in den Weg. Er kann ein Mann mit zwei Gesichtern und einer Doppelmoral sein, der Verschlagenheit nicht scheut, um sein Ziel zu erreichen. Er ist oft geizig. Herz König verkehrt herum sagt verletzende Worte und legt sich gerne quer. Die Karte prophezeit eine Periode, in der man große Geldsummen verlieren kann, in einen Skandal verwickelt wird, ein großes Hindernis nehmen muß, Schwierigkeiten auf der Arbeit hat oder das Opfer von Wucherern wird.
Liegt der Herz König verkehrt herum in der Kartenkombination (es sei denn, er schaut in die Richtung des Fragestellers, in diesem Fall hebt sich der ungünstige Einfluß auf; man kann Hilfe von einer älteren Person oder einem Vormund erwarten), so personifiziert die Karte einen unzuverlässigen und oberflächlichen Mann, der dem Genuß und dem Nichtstun verfallen ist. Er wird keinen Finger für dich rühren.
Manchmal kann diese Karte bedeuten, daß sich der Fragesteller in ein Kloster oder an einen entlegenen Ort zurückziehen will, um über sich und seine Situation nachzudenken.

Ein Blick in die Zukunft

Herz König übt einen günstigen Einfluß auf die umliegenden Karten in der Kartenkombination aus.

HERZ AS

Herz As ist der Herr im Hause.
Geborgenheit

Schlüsselworte
Die Gefühle des Fragestellers oder des männlichen Partners, das Haus, ein Liebesbrief, Neuigkeiten, Besucher.

Persönlichkeit der Karte
Herz As steht für eine muntere und fröhliche Persönlichkeit, die eine gemütliche Umgebung mag. Laut Madame Lenormand symbolisiert Herz As die Gefühle und das Haus des Fragestellers oder seines Partners.
Herz As steht unter dem Einfluß der Planeten Sonne und Mond.

Orakel
Aufrecht: Die Gefühle und die häusliche Atmosphäre des Fragestellers oder des Partners. Gute Neuigkeiten im häuslichen Bereich.
Herz As steht für Zufriedenheit und Geborgenheit. Man genießt Sicherheit und wird von Menschen beschützt, die einen lieben. In diesem Hause herrscht eine gemütliche Atmosphäre, Verwandte, Freunde und Bekannte kommen gern zu Besuch. Man erzählt sich viel und es regnet Geschenke. Ein guter Zeitpunkt, sich einem Hobby zu widmen. Man plant Feste und gemütliche Abende.
Unternehmern prophezeit die Karte Glück und geschäftlichen Erfolg.
Eine junge Frau, sollte aufgeweckt sein! Im Briefkasten liegt vielleicht ein Liebesbrief oder eine Einladung! Für Unverheiratete gilt: Man begegnet jemandem, dem man warme Gefühle entgegenbringt. Im allgemeinen kündigt Herz As an, daß zu Hause gute Neuigkeiten warten.

Verkehrt herum: Besuch eines Freundes. Unzufriedenheit im häuslichen Bereich. Herz As wird von Mars regiert und prophezeit darum Diskussionen oder Ärger.
Zu Hause herrscht eine bedrückte Stimmung; es herrscht Mißtrauen durch Unzufriedenheit, Mißverständnisse und Unverständnis. Man sollte sich aussprechen und nach einer Lösung suchen. Liegt Herz As verkehrt herum, so kann dies auch auf einen Umzug, auf einen plötzlichen Aufbruch oder auf eine Veränderung hindeuten. Diese Karte steht auch für Besuch oder für Freunde, die man aus den Augen verloren hat. Mehr über der Bedeutung dieser verkehrt herum liegenden Karte, entnimmst du den umringenden Karten; sie sagen mehr über die häusliche Atmosphäre aus.

Ein Blick in die Zukunft
Herz As kündigt Neuigkeiten im Hause an. Die eigene Wohnung oder das Umfeld stehen im Mittelpunkt. Manche Lebensumstände geben neue Hinweise, man sollte ihnen darum mehr Aufmerksamkeit schenken.

KREUZ ZWEI

Kreuz Zwei bekommt Lohn nach Leistung.
Wohlbefinden

Schlüsselworte
Wohlbefinden, gutes Management und ein Geschenk oder eine Belohnung, das Wissen, jemand, der dich um einen Rat bittet.

Persönlichkeit der Karte
Kreuz Zwei ist eine etablierte Persönlichkeit, die erreicht hat, was sie wollte und jetzt das Leben genießt. Sie hat sich sehr für die Wissenschaft oder die Verwaltung von Immobilien interessiert. Diese Karte deutet auch auf Führungseigenschaften und Intellektualität hin. Madame Lenormand zufolge symbolisiert Kreuz Zwei einen guten Freund oder eine gute Freundin, die sich dir anvertrauen und deinen Rat brauchen. Kreuz Zwei wird vom Planeten Jupiter regiert.

Orakel
Aufrecht: Eine Belohnung.
Kreuz Zwei hat stets ihr Bestes getan und dafür wird sie jetzt belohnt.
Sie wird Gewinn mit den Immobilien erzielen, die sie verwalten wird oder erhält ein Diplom oder ein Ehrendoktorat für ein Studium oder eine außergewöhnliche Leistung. Dies ist eine sehr geeignete Periode, um Ambitionen Gestalt zu geben. Kreuz Zwei wird eingeladen: zu einer Studienreise, zur Teilnahme an einem interessanten Praktikum oder Training oder sie erhält eine Einladung von einem Klub von Intellektuellen, Künstlern oder Würdenträgern.
Jemand wird dich um Rat fragen. Ein Streit wird beigelegt oder es findet eine Versöhnung statt. Diese Karte prophezeit auch, daß man aufgrund der Mühe, die man sich in der Vergangenheit gegeben hat, auf eine große Geldsumme, eine wichtige Beförderung oder eine Empfehlung hoffen darf.

Verkehrt herum: Undankbarkeit.
Kreuz Zwei verkehrt herum bedeutet, daß man, um ein wichtiges Problem zu lösen, unerwartete Hürden nehmen muß. Es ist möglich, daß man eine von Krankheit oder Depressionen erfüllte Periode erlebt oder mit psychischen oder sexuellen Problemen zu kämpfen hat.
Es könnte auch sein, daß man eine kleine oder unbedeutende Gabe oder Geldsumme empfängt. Diese Karte kündigt auch undankbare und dominante Verwandte oder Freunde an. Pantoffelhelden und Hausmütterchen müssen sich von ihrem Joch befreien und eine gleichberechtigte Stellung innerhalb der Familie erkämpfen.

Ein Blick in die Zukunft
Kreuz Zwei prophezeit eine Belohnung.

KREUZ DREI

Kreuz Drei geht auf Erkundung aus.
Erkundung

Schlüsselworte
Freude, Erfahrung, Erkundung, Überraschung, Geschäftsabschlüsse, Handel oder Transport.

Persönlichkeit der Karte
Kreuz Drei wird dich überraschen. Diese Karte geht gerne auf Entdeckungsreise und alles, was ihr auf ihrem Weg begegnet, macht sie fröhlich und versetzt sie in Erstaunen. Doch ist es keine Karte der Oberflächlichkeit oder des Übermuts. Kreuz Drei ist, wie ein Kind, auf Abenteuer aus und lernt spielend. Diese Karte schenkt überraschende Freude. Madame Lenormand zufolge symbolisiert Kreuz Drei eine positive Überraschung.
Kreuz Drei wird von den Planeten Merkur und Uranus beeinflußt.

Orakel
Aufrecht: Eine Überraschung.
Kreuz Drei sorgt für Überraschungen. Es ist eine Karte der überraschenden, fröhlichen Ereignisse, die Farbe in den grauen Alltag bringen.
Man bekommt Anrufe oder Briefe von Freunden, die einen dazu einladen, etwas Angenehmes zu tun.
Überraschende Hilfe sorgt dafür, daß bestimmte Angelegenheiten abgeschlossen werden. Eine gute Zeit für Geschäftsleute, Händler und Transportunternehmer.

Verkehrt herum: Verspätete Neuigkeiten.
Du solltest nicht zu viel auf andere bauen, denn du könntest hereingelegt werden. Kreuz Drei prophezeit eine Neuigkeit, die durch einen Streik oder den Verlust einer Postsendung verspätet ankommt. Man wird eine Überraschung erleben, die einen bedrücken wird. Eine neue Idee kann nicht verwirklicht werden.

Ein Blick in die Zukunft
Kreuz Drei verrät, welche Überraschungen das Leben für dich bereit hält. Du wirst etwas entdecken, aus dem du Nutzen ziehen kannst.

KREUZ VIER

Kreuz Vier stellt dich vor die Wahl.
Wahl

Schlüsselworte
Entspannung, Ruhe, Glück, Ferien, eine Wahl oder eine Einladung.

Persönlichkeit der Karte
Kreuz Vier ist von alters her ein Symbol des unerwarteten Glücks. Die Karte personifiziert die Wahl, die man im Leben treffen muß. Innerer Friede und Ruhe im Herzen kehren zurück, sobald eine wichtige Entscheidung getroffen ist.
Madame Lenormand zufolge symbolisiert Kreuz Vier die Einladung einer unglücklichen, verheirateten Frau.
Kreuz Vier steht unter dem Einfluß der Planeten Mond, Merkur und Venus.

Orakel
Aufrecht: Die Wahl. Eine Einladung zu einem wichtigen Ereignis.
Kreuz Vier stellt dich vor eine Wahl, die für deinen weiteren Lebenslauf wichtig ist. Du bekommst einen Heiratsantrag, jemand lädt dich zu einer Weltreise ein, du muß eine Berufswahl treffen.
Diese Karte kündigt Glück, Gemütlichkeit, Entspannung, Frieden und Ruhe an. Zu Hause und auf der Arbeit herrscht eine angenehme und entspannte Atmosphäre. Eine stabile und harmonische Zeit für Geschäftsleute. Die Konkurrenz läßt nichts von sich hören. Die Früchte seiner Arbeit ernten. Gewinn und finanzieller Erfolg.
Kreuz Vier bedeutet, daß man als Logiergast oder zu einer Hochzeitsreise eingeladen wird. Einer Frau wird die Geburt eines Kindes prophezeit.

Verkehrt herum: Zweifel. Unzufriedenheit in der Ehe. Kreuz Vier verkehrt herum kündigt eine Zeit der Ungewißheit und der Zweifel an. Man hat schlaflose Nächte. Bestimmte Dinge werden verzögert. Eine Frau ist unzufrieden in ihrer Ehe.

Ein Blick in die Zukunft
Kreuz Vier bedeutet, daß man einen entspannten und ruhigen Lebensabschnitt erlebt. Entscheide dich für das Glück!

KREUZ FÜNF

Kreuz Fünf ist vertrauenerweckend.
Vertrauen

Schlüsselworte
Vertrauen, Unterredung, Beratung, Gäste.

Persönlichkeit der Karte
Zeitraubende Unterredungen beschäftigen die Kreuz Fünf. Diese Debatten sind ermüdend. Sie darf ihr Vertrauen in das Gute nicht verlieren und sollte einen klaren Kopf behalten. Madame Lenormand zufolge symbolisiert Kreuz Fünf einen männlichen Gast, den man im Auge behalten sollte.
Kreuz Fünf wird von den Planeten Merkur und Saturn beeinflußt.

Orakel
Aufrecht: Eine Unterredung, Beratung, Gäste.
Kreuz Fünf bringt aufreibende Zeiten mit sich. Gäste kommen und gehen. Diese Karte prophezeit ein Familientreffen, auf dem ein großes Problem besprochen wird oder eine Versammlung von Freunden, Klubmitgliedern oder Kollegen. Man muß Dinge besprechen, Entscheidungen treffen und Hindernisse aus dem Weg räumen. Man bietet jemandem, der in der Klemme sitzt, seine Hilfe an. Kinder bringen viel Unruhe. Sie lenken ständig die Aufmerksamkeit auf sich.
Man zieht einen Arzt oder Rechtsanwalt zu Rate.

Verkehrt herum: Mißbrauch des Vertrauens, Meinungsverschiedenheiten. Schlechter Rat.
Hier stehen Konkurrenz und Wettbewerb im Mittelpunkt. Man kann sich nicht einigen, man hat Schwierigkeiten, Verabredungen zu treffen, Verträge werden nur mit viel Mühe geschlossen oder Verabredungen zerschlagen sich im letzten Moment doch noch; die Parteien verhalten sich wie Kampfhähne.
Eine komplizierte Angelegenheit bereitet viel Kopfzerbrechen. Dein Vertrauen wird mißbraucht oder du bekommst einen schlechten Rat. Trotz großer Anstrengung kannst du nur dürftige Erfolge erzielen. Eine Meinungsverschiedenheit sorgt für Kopfzerbrechen und Verzögerung. Du wirst einen harten Kampf gegen einen starken Widerstand führen müssen. Du solltest dich im Verkehr oder bei Arbeiten im Hause in acht nehmen, denn ein Unfall ist schnell passiert. Eine Operation bereitet Sorgen.

Ein Blick in die Zukunft
Kreuz Fünf deutet auf Selbstvertrauen und Unterredungen hin. Sie warnt uns vor dem Mißbrauch des Vertrauens, vor uferlosen Diskussionen und vor der Konkurrenz.

KREUZ SECHS

Kreuz Sechs macht Hoffnung.
Hoffnung.

Schlüsselworte
Hoffnung, Fortschritt, Triumph, Kunst oder Wissenschaft, das Ende eines bestimmten Lebensabschnitts.

Persönlichkeit der Karte
Kreuz Sechs hofft auf bessere Zeiten. Sie weiß, daß sie den Kampf des täglichen Lebens gewinnen kann, wenn sie ihr geistiges Gleichgewicht wahrt. Laut Madame Lenormand symbolisiert Kreuz Sechs das Ende einer traurigen Periode und Hoffnung auf bessere Zeiten.
Kreuz Sechs steht unter dem Einfluß der Planeten Pluto, Mars und Venus.

Orakel
Aufrecht: Hoffnung, Überwindung problematischer Umstände, Versöhnung.
Kreuz Sechs symbolisiert das Ende eines bestimmten Lebensabschnitts und die Hoffnung auf einen Neuanfang. Diese Karte prophezeit das Erzielen von Fortschritten im Hinblick auf ein Projekt, auf die Wissenschaft oder die Kunst, ferner prophezeit sie finanziellen Gewinn, das Meistern einer schwierigen Situation, eine neue Erwerbung, eine neue Angelegenheit oder eine bevorstehende Reise.
Kreuz Sechs kündigt auch eine Versöhnung zwischen zwei kämpfenden Parteien an.

Verkehrt herum: Aufschub, Unsicherheit, Verwirrung oder Leid.
Kreuz Sechs verkehrt herum kündigt Aufschub, eine Zeit des Unfriedens, große Unsicherheit, Verwirrung, Leid oder Schmerz an.
Eine bestimmte Angelegenheit zerschlägt sich, ein neues Projekt oder eine Idee werden für untauglich erklärt, man fühlt sich mißverstanden und hat Angst vor der Konkurrenz oder vor Rivalität. Man muß sich große Mühe geben, um Fortschritte oder Gewinne zu erzielen.
Man wird sein Ziel nicht erreichen.
Manchmal steht Kreuz Sechs auch für unruhige Träume und Alpträume, denen die Probleme am Tage zugrunde liegen. Diese Karte steht für Unfrieden über die heutige Situation und unerfüllte Wünsche, die das Leben untergraben.

Ein Blick in die Zukunft
Kreuz Sechs kündigt eine harmonische Periode an, in der man Fortschritte in einer Unternehmung oder in wichtigen Situation erzielen kann.
Man macht Schluß mit einem unangenehmen oder unbefriedigenden Zustand und plant die Zukunft, eine neue Episode im Leben.

KREUZ SIEBEN

Kreuz Sieben ist beliebt.
Beliebtheit

Schlüsselworte
Mut, Dienstbarkeit, wachsende Beliebtheit, Ehrenbezeigungen, Berichte, Projekte, Einkünfte und Ausgaben.

Persönlichkeit der Karte
Kreuz Sieben steht oft für ein Kind, eine junge Frau oder einen Kollegen mit braunem Haar und braunen oder grauen Augen.
Sie ist eine Karte mit einem jungen Charakter. Diese Persönlichkeit ist bescheiden und dienstfertig, sie wird jedoch tapfer ihre Meinung oder ihren Besitz verteidigen, sobald sie angegriffen wird. Diese Karte bedeutet, daß man eine Angelegenheit oder ein Projekt voller Hingabe in Angriff nimmt.
Madame Lenormand zufolge symbolisiert Kreuz Sieben eine junge Frau, die ihre Gaben entweder gut einzusetzen weiß oder sie vergeudet.
Kreuz Sieben steht unter dem Einfluß des Sternbildes Steinbock und der Planeten Saturn und Merkur. Diese Karte stellt meistens eine junge Frau dar.

Orakel
Aufrecht: Ein Kind, eine junge Frau oder ein Kollege mit braunem Haar. Angenehme Neuigkeiten. Einkünfte und Ausgaben.
Kreuz Sieben personifiziert meistens ein Kind, eine junge Frau oder einen Kollegen mit braunem Haar. Sie wird vom Planeten Erde regiert. Sie kündigt Ruhm und Erfolg in der Zukunft an. Man wird mit einem bestimmten Projekt überraschenderweise Erfolg haben und viel Geld verdienen.
Kreuz Sieben gibt Nachrichten weiter. Man wird zu einem romantischen Essen bei Kerzenlicht eingeladen oder bekommt einen Liebesbrief. Eine Frau wird sich sehr über eine unerwartete Schwangerschaft freuen. Freunde werden einen besuchen.
Man hat ein bescheidenes, jedoch regelmäßiges Einkommen. Achte auf deine Einkünfte und Ausgaben. Händler und Geschäftsleute werden einen kleinen Gewinn machen.

Verkehrt herum: Verluste und Diebstahl. Unsicherheit.
Kreuz Sieben verkehrt herum deutet auf die Angst vor dem Unbekannten hin und auf die Unsicherheit, wie man sich in einer Situation verhalten soll, in der tatkräftig gehandelt werden muß.
Einer Frau kann diese Karte, wenn sie verkehrt herum liegt, eine unerwartete oder unerwünschte Schwangerschaft prophezeien.
Die Einkünfte werden von Profiteuren geschmälert. Fehlschläge sorgen für unerwartete Hürden und Probleme.

Diese Karte spricht von einer unerwiderten Liebe, von Unsicherheit, Einbildung, Desillusion und berechtigter Furcht. Man hat sich die Wut oder den Haß einer bösartigen Person zugezogen.
Man sollte sich vor einer Buße oder einem Prozeß in acht nehmen. Man sollte sein Haus gründlich abschließen und für ein Überwachungssystem sorgen, denn Diebe liegen auf der Lauer.

Ein Blick in die Zukunft

Kreuz Sieben kündigt Neuigkeiten an. Die Position, auf der diese Karte liegt, wird die Art der Neuigkeiten entschlüsseln. Eine junge oder alleinstehende Frau wird mit Rivalität oder Konkurrenz zu kämpfen haben. Einem Junggesellen teilt diese Karte mit, daß er die Frau seines Lebens kennenlernen wird.
Herz Neun neben Kreuz Sieben bedeutet Erfolg.

KREUZ ACHT

Kreuz Acht ist in Bewegung.
Bewegung

Schlüsselworte
Bewegung, Fortschritt, Leistung, Sport, Glück und Unglück.

Persönlichkeit der Karte
Kreuz Acht geht zielstrebig und konzentriert vor. Sie hat einen klaren und scharfen Verstand. Durch Willenskraft und Arbeitslust wird sie Fortschritte erzielen. Diese Karte spricht von Liebe und Hoffnung, was das Leben und das Schicksal anbelangt. Madame Lenormand zufolge symbolisiert Kreuz Acht Erfolg und Widerstand in allen Lebenslagen. Kreuz Acht wird von den Planeten Saturn und Venus regiert.

Orakel
Aufrecht: Fortschritt in der Liebe, auf der Arbeit und in Geschäften.
Kreuz Acht personifiziert ein junges Mädchen mit braunem Haar. Sie tut ihr möglichstes, das Beste aus ihrem Leben zu machen. In der Liebe ist sie hingebungsvoll, sie mag ihre Arbeit und durch ihren Geschäftssinn und ihre Ausstrahlung hat sie Erfolg. Händler machen gute Geschäfte. Wer eine Uniform trägt, kann befördert werden und bekommt eine Belohnung für persönliche Verdienste. Man verdient Geld, wird befördert oder erzielt Fortschritte in einer bestimmten Unternehmung.
Einer Frau prophezeit diese Karte einen Heiratsantrag, Fortschritt mit der Arbeit, geschäftlichen Erfolg und einen schönen Ausflug. Bauern und Gärtner werden reichliche Ernten einbringen. Die Erwartungen des Fragestellers gehen in Erfüllung und er wird mit einem Projekt Erfolg haben. Eine junge oder alleinstehende Frau darf sich eines Heiratsantrages erfreuen.
Eine ausgezeichnete Periode für sportliche Leistungen!

Verkehrt herum: Ein großes Hindernis. Feindschaft. Widerstand.
Kreuz Acht verkehrt herum warnt vor Verlusten und Hindernissen bei Geschäften durch unzuverlässige Partner oder lästige Angestellte.
Eine Angelegenheit wird verzögert, Unsicherheit in der Liebe, ein Projekt zieht sich in die Länge. Es kann Entfremdung zwischen Ehepartnern entstehen. Du solltest vor eifersüchtigen und tratschenden Nachbarn und Händlern aufpassen, die dich überlisten wollen. In der Liebe oder auf der Arbeit wird ein großes Hindernis auftauchen, das dich verwirrt. Jemand verhält sich feindselig und legt dir Steine in den Weg. Es könnte Streit oder Zank mit lügnerischen Arbeitnehmern geben.

Eine junge Frau ist im Begriff, eine falsche Wahl zu treffen. Eifersucht durchkreuzt deine Zukunftspläne.
Du solltest vor einer schwachen Gesundheit oder schwachen Nerven aufpassen.

Ein Blick in die Zukunft
Kreuz Acht zeigt, wo du Fortschritte erzielen kannst oder worin Glück oder Unglück liegen. Herz Fünf neben Kreuz Acht prophezeit Schwierigkeiten, die mit Geschäften oder mit der Arbeit in Zusammenhang stehen.

KREUZ NEUN

Kreuz Neun ist dankbar.
Dankbarkeit

Schlüsselworte
Einsicht, Dankbarkeit, Vertrauen, Wachsamkeit, Durchtriebenheit, Vermögen, Geschenk, Spiel.

Persönlichkeit der Karte
Kreuz Neun ist eine Karte mit Einsicht. Sie stellt eine mutige Persönlichkeit dar, die sich nicht schnell aus dem Felde schlagen läßt. Sie verschafft sich Respekt durch die Art und Weise, wie sie die Oberhand über Schwierigkeiten behält. Laut Madame Lenormand symbolisiert Kreuz Neun Vertrauen oder Mißtrauen, Dankbarkeit oder Undankbarkeit. Kreuz Neun wird vom Sternbild Krebs und den Planeten Mond und Merkur regiert. Diese Karte stellt meistens eine Frau dar.

Orakel
Aufrecht: Eine finanzielle Überraschung oder ein Geschenk. Gewinn durch eine glückliche Hand.
Kreuz Neun prophezeit Geschäftssinn, gute Aussichten und eine reiche Heirat.
Es stellt sich heraus, daß eine Angelegenheit erfolgreich oder ein Unternehmen einträglich ist. Händler und Geschäftsleute machen gute Geschäfte. Zur Überraschung wird man ein schönes Geschenk oder eine bedeutende Gabe empfangen. Ein Herzenswunsch wird in Erfüllung gehen. Du hast Glück im Spiel und in der Liebe! Einer Frau wird eine Schwangerschaft oder eine herannahende Geburt prophezeit.

Verkehrt herum: Mißtrauen. Verschlagenheit. Eine List. Verluste durch Verzögerung.
Kreuz Neun verkehrt herum spricht von Gewinn und Verlust.
Aufgepaßt vor jemandem, der dich überlisten will. Du wirst über die Undankbarkeit eines geliebten Menschen, eines Verwandten oder eines Freundes enttäuscht sein. Ein Geschenk, das dir zusteht, wird einem anderen gegeben. In geschäftlicher Hinsicht wird dir eine Falle gestellt. Wende eine List an, um die Oberhand über die Schwierigkeiten zu gewinnen. Du bist einsam, du solltest nach draußen gehen. Paß vor indiskreten Nachbarn oder Kollegen auf.

Ein Blick in die Zukunft
Kreuz Neun wird dich überraschen. Bekommst du ein Geschenk oder mußt du eine Enttäuschung einstecken? Das Geschenk wird nicht sehr wertvoll sein, wenn Kreuz Neun von einer Karokarte berührt wird und es wird eine unangenehme Überraschung sein, wenn Kreuz Neun neben einer Pikkarte liegt. Liegt Kreuz Sieben neben Kreuz Neun, so sollte man keine finanziellen Risiken eingehen. Karo Drei neben Kreuz Neun prophezeit kleine Verluste.

KREUZ ZEHN

Kreuz Zehn hat Glück.
Glück

Schlüsselworte
Verantwortung, Kraft, Glück, Schutz, Hilfe, Zukunft und Vergangenheit, eine Reise, eine Mutterfigur, die Zukunft.

Persönlichkeit der Karte
Kreuz Zehn ist eine Karte mit Sinn für Verantwortung und Kraft. Sie ist meistens eine mütterliche oder beschützende Person, die dich glücklich machen wird und dir helfen will.
Die Karte steht auch für Ambitionen und Verlangen, die sich so entwickeln können, daß man eine Familie verwöhnen will oder Karriere macht. Wenn Kreuz Zehn nicht begriffen wird, so prophezeit sie Ungewißheit und Aufschub von Geschäften, die dringend in Ordnung gebracht werden müssen.
Madame Lenormand zufolge symbolisiert Kreuz Zehn die Hilfe einer Mutterfigur und Erfolg in finanziellen Unternehmungen. Laut Etteilla gibt eine aufrechte Kreuz Zehn etwas über die Zukunft preis und wenn sie verkehrt herum liegt, etwas über die Vergangenheit.
Kreuz Zehn steht unter dem Einfluß der Planeten Mond und Jupiter.

Orakel
Aufrecht: Schutz. Zusammenarbeit. Glück und Hilfe auf Reisen. Eine Mutterfigur. Unterstützung in finanziellen Unternehmungen.
Kreuz Zehn hat einen mütterlichen und beschützenden Charakter. Sie ist hilfsbereit und will ihren Schützling glücklich machen. Sie ist von Natur aus ruhig und treuherzig, tapfer und mutig. Man kann auf sie bauen. Die Familie erlebt eine angenehme Zeit voller Freude.
Dies ist eine Karte mit Arbeitslust und Ambitionen. Man arbeitet eifrig und geduldig an seiner Karriere. Ansehen im Beruf ist äußerst wichtig. Man hat gute Aussichten, was finanzielle Unternehmungen und Einkünfte anbelangt. Kollegen unterstützen dich und man hilft dir. Kreuz Zehn prophezeit Erfolg in Geschäften. Man erringt einen Sieg, ein Problem wird gelöst. Die aktuelle Situation unterliegt Veränderungen, die Glück bringen.
Investitionen sind einträglich und Spekulationen vorteilhaft. Man wird eine Wette gewinnen und Glück im Spiel und in der Lotterie haben. Diese Karte kündigt auch eine erfolgreiche und angenehme Reise an.

Verkehrt herum: Risiken und Irrtümer. Unsicherheit. Eine schwere Belastung. Eine Reise mit Hindernissen.

Verkehrt herum bedeutet die Kreuz Zehn Unsicherheit und Unruhe. Die Persönlichkeit hat einen schwachen und naiven Charakter und neigt zum Spielen.
Man fühlt sich unsicher in der Liebe, es ist die Rede von Scheidung und Betrug, ein Prozeß wird verloren, bestimmte Angelegenheiten werden aufgeschoben. Die Zusammenarbeit zwischen den Kollegen ist schlecht, eine Investition ist ungünstig und man begeht Irrtümer, was unangenehme Folgen hat. Auf der Arbeit wird man zu schwer belastet; Überarbeitung ist die Folge.
Du solltest die Stromleitungen inspizieren und deine Feuerversicherung kontrollieren, denn es gibt einen Brandherd in deiner Nähe! Im Verkehr ist Vorsicht geboten, Kreuz Zehn warnt vor einem Verkehrsunfall. Du solltest dich gut vorbereiten, wenn du verreist. Du solltest das Auto inspizieren lassen, die Versicherungspapiere nicht vergessen, dein Gepäck im Auge behalten und die Route vorher festlegen. Kreuz Zehn verkehrt herum kündigt eine Reise mit Hindernissen und Problemen an. Verlaß dich nicht auf Glücksfälle!

Ein Blick in die Zukunft

Kreuz Zehn deutet im allgemeinen auf eine Periode des Glücks hin, von der du dankbar Gebrauch machen kannst. Du wirst Hilfe bekommen und bei Glücksspielen, Investitionen oder Spekulationen Erfolg haben.
Grenzt Herz Drei an Kreuz Zehn, so erzielt man einen unerwarteten finanziellen Gewinn, Herz As bedeutet, daß Verhandlungen und Unterredungen erfolgreich verlaufen werden und Karo Fünf besagt, daß du deine Einkünfte verbessern kannst oder es bietet sich eine überraschende Gelegenheit, die gute Perspektiven eröffnet. Liegt die Kreuz Zehn neben einem As, so prophezeit sie eine Hochzeit, die demnächst stattfinden wird.

KREUZ BUBE

Kreuz Bube ist hingebungsvoll.
Hingabe

Schlüsselworte
Hingabe, Ambition, Bewegung, das Ziel, der Geist, das Wachstum, ein Verwandter oder junger Freund mit braunem Haar.

Persönlichkeit der Karte
Kreuz Bube ist ein junger Mann oder ein Kind mit dunkelblondem, rotem oder braunem Haar und blauen oder grauen Augen. Er ist ein lebhafter Mensch und liebt Veränderungen und Reisen. Er ist zielstrebig und ehrgeizig. Diese Karte ist ein tapferer und edelmütiger Junge, der schnell und ehrlich seine Meinung sagt. Er kann ein herzlicher Mann und leidenschaftlicher Liebhaber sein oder ein hingebungsvoller Verwandter oder Freund.
Wird seine Liebe oder Freundschaft abgewiesen, so muß er psychische Probleme und Frustrationen verarbeiten, die in Krankheit und Kampf ausarten können. Madame Lenormand zufolge symbolisiert Kreuz Bube einen loyalen jungen Freund, einen Kampf oder eine Krankheit.
Kreuz Bube wird von den Planeten Mars und Jupiter regiert.

Orakel
Aufrecht: Das Ziel im Leben. Hingabe oder Bewegung. Ein Verwandter oder junger Freund mit braunem Haar.
Kreuz Bube personifiziert einen jungen Mann oder einen hingebungsvollen Verwandten, einen Bruder oder einen Freund mit braunem Haar. Die Karte steht für das Ziel oder die Ambitionen des Lebens. Kreuz Bube handelt schnell und zielstrebig. Sein Urteil ist klar und eindeutig.
Kreuz Bube zieht gerne um. Es hält ihn nicht lange an der gleichen Adresse. Er kann ein Briefträger oder ein Entdeckungs- oder Geschäftsreisender sein, der gerne etwas von der Welt sieht und er bekommt schnell Kontakt zu anderen Menschen. Diese Karte bringt Neuigkeiten von Verwandten oder Freunden und kündigt oft eine Abreise oder einen Umzug an. Kreuz Bube prophezeit fruchtbare Ideen und das Wachstum von Unternehmungen, eine Liebesheirat oder finanziellen und geschäftlichen Erfolg. Diese Karte hat einen günstigen Einfluß auf die umringenden Karten.

Verkehrt herum: Zwietracht, Streit oder Rivalität in der Familie oder unter Freunden. Eine chronische Krankheit oder Fieberanfälle.
Kreuz Bube verkehrt herum prophezeit Unverträglichkeit, Vorurteile, Frustration und Konkurrenz.
Du weist deinen Verehrer ab oder mußt vor einem Liebhaber aufpassen, der dich vor seinen Karren spannen will. Hochzeitspläne werden verschoben, eine Erbschaft geht

dir durch die Lappen oder du mußt mit dem Verlust wichtiger Dokumente oder von Geld rechnen.

Diese Karte verkehrt herum kündigt einen Konflikt an oder jemand, den du lieb hast, verläßt dich. Psychische Probleme oder Frustrationen sorgen für ein chronisches Leiden oder für Fieberanfälle. Einer Ehe widerfahren Sorgen und Frustrationen, so daß eine Scheidung erwägt wird. Du erlebst Zwietracht, Streit oder Rivalität im Familien- oder Freundeskreis. In geschäftlicher Hinsicht solltest du dich vor der Konkurrenz und betrügerischen Machenschaften in acht nehmen. Aufgepaßt vor Schmeichlern!

Ein Blick in die Zukunft

Kreuz Bube hat einen positiven Einfluß auf die umringenden Karten. Wenn er verkehrt herum liegt, so kündigt er gewisse Hemmnisse an, es sei denn, daß er zur Mitte der Kartenkombination einer Fragestellerin schaut. Dann prophezeit er eine Liebesaffäre mit einem leidenschaftlichen und hingebungsvollen jungen Mann.

Einer Frau prophezeit diese Karte, daß ein verliebter junger Mann alles daran tun wird, ihr Herz zu erobern. Er wird sie hartnäckig verteidigen.

KREUZ DAME

Kreuz Dame ist sozial.
Anziehungskraft

Schlüsselworte
Temperament, selbstbewußt, intelligent, freundlich, sympathisch, nüchtern, der Wille, die Gesellschaft, das soziale Leben, der Fragesteller selbst oder ein gute Freundin.

Persönlichkeit der Karte
Kreuz Dame hat kupferfarbenes, braunes oder graues Haar und braune oder graue Augen.
Sie ist eine energische und temperamentvolle Persönlichkeit, die intelligent, unternehmungslustig, sympathisch, ehrbar, anziehend und treu ist.
Sie ist ein Mittelpunkt der Gesellschaft; umringt von Freundinnen oder zahlreichen Anbetern ist sie ins Gespräch vertieft. Sie nimmt stürmisch und aktiv am sozialen Leben teil. Kreuz Dame geht unbeirrt ihren Weg und sagt unverblümt ihre Meinung. Sie zeigt ihre Krallen. Wenn man ihr Herz erobert hat, wird sie einen hingebungsvoll und leidenschaftlich beschützen und verteidigen. Ist dies nicht der Fall, so sollte man sich vor ihrer Wut in acht nehmen! Madame Lenormand zufolge symbolisiert Kreuz Dame eine charmante, aber mitunter auch untreue Frau.
Kreuz Dame wird von den Planeten Mond und Pluto beeinflußt.

Orakel
Aufrecht: Der Fragesteller selbst oder eine unternehmungslustige, weibliche Verwandte oder Freundin. Die Gesellschaft. Ein geschäftiger Haushalt oder das soziale Leben. Kreuz Dame geht ihre eigenen Wege. Aufgrund ihres sympathischen und aktiven Charakters hat sie einen großen Freundeskreis, den sie regelmäßig einlädt oder besucht. Sie personifiziert oft einen Fragesteller oder eine Freundin mit rotem oder braunem Haar.
Die Karte prophezeit eine geschäftige und aktive Periode mit Glücksfällen oder günstigen Neuigkeiten, Schutz in Geschäftsangelegenheiten, Glück in bestimmten Unternehmungen oder gesellschaftlichen Aufstieg. Du erhältst wichtige Nachrichten, stehst am Anfang einer glücklichen Ehe oder man bereitet dir eine angenehme Überraschung.
Ein junger Mann heiratet in naher Zukunft. Händler dürfen einen guten Ablauf ihrer Unternehmungen erwarten, wenn Kreuz Dame in ihrer Kartenkombination erscheint.
Gewöhnlich hat sie viel Einfluß auf die umringenden Karten.

Verkehrt herum: Geschwätz, Neid, Eifersucht oder Untreue. Konkurrenz. Rivalität. Man wird dich ungerecht behandeln.

Kreuz Dame stellt alles auf den Kopf und sie sinnt auf Rache, wenn ihr Zorn erregt ist. In der Liebe ist sie genauso temperamentvoll wie im Zorn! Sie wird dich verraten und betrügen, wenn sie sich schlecht behandelt fühlt.
Liegt diese Karte verkehrt herum, so prophezeit sie Eifersucht und Unheil. Eine Frau wird dir untreu sein. Du wirst von Konkurrenten oder Rivalen bedrängt. Kreuz Dame verkehrt herum warnt vor jemanden in deiner Umgebung, der unehrlich ist oder dich ungerecht behandelt. Er oder sie ist neidisch und wird versuchen, dir Schaden zuzufügen.
Durch eine Beziehung zu dieser unberechenbaren Frau können Männer ihrem Untergang entgegengehen. Du solltest dir deiner Sache völlig sicher sein, wenn du eine Beziehung zu dieser Frau aufbauen willst. Nimm dich vor Geschwätz in acht!

Ein Blick in die Zukunft
Kreuz Dame übt einen günstigen Einfluß auf die umringenden Karten aus, auch haben diese eine negative Botschaft.

KREUZ KÖNIG

Kreuz König ist jederzeit treu.
Streben

Schlüsselworte
Aktiv, Bewußtsein, Hilfe, Erfolg, Treue, Intellektualität, Strenge, Unternehmungslust, das Berufsleben, der Fragesteller selbst oder ein loyaler Freund mit braunem Haar.

Persönlichkeit der Karte
Kreuz König ist ein Mann mit dunkelblondem, rotem oder braunem Haar und hellbraunen oder grauen Augen. Er ist eine aktive und tatkräftige Persönlichkeit mit einem intellektuellen Hintergrund. Dieser Mann arbeitet hart und steht dir mit Rat und Tat zur Seite und er wird dir bei deinem gesellschaftlichen Aufstieg helfen. Er ist edelmütig und leidenschaftlich, er ist ein Beschützer und er ist loyal.
Kreuz König ist ein Mann der Tat. Er wird zu einem mächtigen Gegner, falls man versucht, ihm Steine in den Weg zu legen. Man ist nirgendwo sicher vor seinem Zorn.
Madame Lenormand zufolge symbolisiert Kreuz König einen zuverlässigen, älteren Mann, der Sorgen hat.
Kreuz König wird von den Planeten Sonne und Saturn regiert.

Orakel
Aufrecht: Ein Fragesteller oder loyaler Freund mit braunem Haar. Erfolg in der Gesellschaft durch einen unternehmungslustigen Berater mit dunklem Haar.
Kreuz König personifiziert einen Fragesteller oder loyalen Freund mit braunem Haar. Die Karte kündigt Aufstieg in der Gesellschaft an. Du solltest den Rat einer Person befolgen, die versucht, dich zu beschützen und dir im Leben weiterzuhelfen. Leben. Er prophezeit Vermögen und Aufstieg und ist ein Vorzeichen für Glück, Erfolg, ein gutes Ende oder hervorragende Ergebnisse, eine glückliche Ehe oder eine überraschende Erbschaft, selbst wenn die umringenden Karten eine ungünstigere Botschaft haben.

Verkehrt herum: Sorgen, da eine Verabredung schief geht. Hindernisse.
Kreuz König verkehrt herum symbolisiert einen ungestümen und grausamen Charakter, der sich weigert, sich einer Situation anzupassen. Du wirst in einen Konflikt mit einem gefährlichen Gegner geraten, der streng über dich urteilen wird.
Dir werden große Sorgen, Widerstand und Konflikte widerfahren. Du solltest davor aufpassen, daß du dir niemandem zum Feind machst. Verabredungen werden aufgeschoben, eine Unternehmung bereitet Sorgen und du wirst zahlreiche Hindernisse nehmen müssen, bevor du dein Ziel erreichen kannst.
Wenn diese Karte einer Frau gelegt wird, so wird sie einen Freund verlieren. Wenn die Karte einem Mann gelegt wird, kann Kreuz König Krankheiten prophezeien.

Ein Blick in die Zukunft

Kreuz König kündigt Erfolg oder Hindernisse an, je nachdem, ob die umringenden Karten ihn positiv oder negativ beeinflussen. Meistens hat Kreuz König eine günstige Botschaft. Liegt die Karte verkehrt herum, so muß man mit Widerstand rechnen. Wenn Pik Sieben Kreuz König an einer der Ecken berührt, so wird Entfremdung zwischen dir und einem Mann entstehen, der dir immer geholfen hat.

Ein Mann kann plötzlich sterben, wenn Kreuz König neben Pik Sechs liegt.

KREUZ AS

Kreuz As hat Kraft.
Energie

Schlüsselworte
Kraft, Energie, Intuition, schöpferische Kraft, Erfindung, Wachstum, Geburt, Beginn einer Unternehmung oder Gründung einer Familie, Ehe, Ruhm, Vermögen, Erfolg, Reisen und die Natur.

Persönlichkeit der Karte
Kreuz As ist eine starke und intuitive Persönlichkeit, die tatkräftig und aktiv handelt. Madame Lenormand zufolge symbolisiert Kreuz As eine Hochzeit oder große Kraft. Kreuz As wird von den Planeten Sonne, Mond, Mars und Venus beeinflußt.

Orakel
Aufrecht: Glück in der Liebe. Die Ehe. Geburt eines Kindes, die Gründung einer Familie oder der Beginn einer Unternehmung.
Kreuz As personifiziert einen Mann oder eine Frau hoher Geburt oder mit einem guten Ruf.
Die Karte kündigt eine Geburt, einen Beginn oder Wachstum an. Man wird mit einer bestimmten Idee oder einer Unternehmung, die eine Blüte erleben wird, Erfolg haben. Man gründet eine Familie, ein Kind wird gezeugt oder geboren, eine bestimmte Unternehmung nimmt Form an. Eine Frau wird mit Geschenken oder Blumen überrascht werden. Einem Mann prophezeit Kreuz As Erfolg in Unternehmungen und die Hilfe einer einflußreichen Person. Die Einkünfte steigen und das Bankkonto wächst beständig. Man erzielt beträchtliche Gewinne. Glück im Spiel und Glücksspielen. Diese Karte prophezeit Schriftstellern, Dichtern, Bühnenautoren und Schauspielern, Journalisten und Filmemachern Ruhm und Glück.
Soldaten und Menschen, die berufsmäßig eine Uniform tragen oder im öffentlichen Dienst arbeiten, wird eine aussichtsreiche Zukunft prophezeit. Bauern und Gärtner können reiche Ernten einbringen.

Verkehrt herum: Die Genugtuung ist von kurzer Dauer.
Kreuz As verkehrt herum bedeutet Hindernisse oder Verzögerung.
Ein Darlehen oder Schulden werden in Raten zurückgezahlt. Zahlungen haben Verzug. Geschäfte werden falsch in Angriff genommen. Man baut Luftschlösser und fällt Selbsttäuschung zum Opfer. Es ist schwierig, bestimmte Dinge zu verwirklichen. Die Genugtuung ist von kurzer Dauer. Kurz vorher gestarteten Unternehmungen ist kein langes Leben beschert. Man wird um seinen Erfolg beneidet. Kreuz As personifiziert eine begabte Person, die davor aufpassen muß, daß sie ihre Selbstkontrolle nicht verliert und ihre Talente nicht zu sehr zersplittert.

Die Karte kann auch Isolation und Einsamkeit prophezeien. Man kann seine Eltern verlieren und muß alleine weitermachen.

Ein Blick in die Zukunft

Kreuz As ist eine Karte des Talents, der Kreativität, der Kraft und der Energie. Anstrengungen werden belohnt und hochgespannte Erwartungen werden Wirklichkeit.

Man wird von einflußreichen oder hochgestellten Personen beschützt, wenn diese Karte neben Kreuz König oder Herz König liegt.

KARO ZWEI

Karo Zwei muß verhandeln.
Verhandlung

Schlüsselworte
Verhandeln, balancieren, Harmonie anstreben, Kommunikation, Veränderungen.

Persönlichkeit der Karte
Karo Zwei ist ein Seiltänzer, der in schwierigen Umständen sein Gleichgewicht bewahren oder zwischen gegensätzlichen Interessen balancieren muß. Da er einen toleranten und diplomatischen Charakter besitzt, ist er ein geborener Vermittler und Versöhner im Falle von Konflikten oder Meinungsverschiedenheiten. Er muß einen kühlen Kopf bewahren.
Laut Madame Lenormand symbolisiert Karo Zwei die Gefühle der geliebten Person. Karo Zwei steht unter dem Einfluß der Planeten Mond und Venus.

Orakel
Aufrecht: Unbeständige und geschäftige Periode. Einladung zu einer Kurzreise oder zu einem Ausflug. Neue Ideen und Projekte. Die Gefühle der geliebten Person.
Karo Zwei erlebt eine geschäftige Periode, in der wichtige Ereignisse einander überstürzen, so daß man nicht mehr weiß, wo einem der Kopf steht. Karo Zwei muß diplomatisch handeln, um entgegengesetzte Gefühle ins reine zu bringen. Neue Dinge bieten sich an. Verschiedene Ideen oder Projekte wetteifern miteinander, um die meiste Aufmerksamkeit zu erhaschen.
Trotzdem ist dies eine produktive Zeit, zu einem späteren Zeitpunkt kann man die Früchte seiner Arbeit ernten. Karo Zwei lädt auch zu einer kurzen, angenehmen Reise oder einem Ausflug in die Stadt oder aufs Land ein.

Verkehrt herum: Chaos. Zweideutigkeit.
Karo Zwei verkehrt herum prophezeit eine geschäftige Zeit, in der man einen kühlen Kopf bewahren muß und zweitrangigen Dingen nicht zuviel Aufmerksamkeit schenken sollte. Wer ein Geschäft startet, wird am Anfang finanzielle Schwierigkeiten haben, für die sich jedoch nach einiger Zeit eine Lösung findet. Du solltest jedoch keine Verluste akzeptieren!
In der Liebe wirst du eine schlechte Phase erleben, da du auf einen vermeintlichen Rivalen eifersüchtig bist. Höre nicht auf das Gerede, dein Schatz ist dir treu und deine Eifersucht ist unbegründet. Mache Zugeständnisse!
Die Situation ist hoffnungslos und du weißt nicht, wie du deine Probleme lösen mußt. Rede mit jemandem, dem du vertraust oder suche einen Sachverständigen auf, der Hilfe leisten kann.

Karo Zwei verkehrt herum warnt zudem vor einer zweideutigen Haltung.

Ein Blick in die Zukunft

Karo Zwei hat eine geschäftige Zeit vor sich. Alles steht auf dem Kopf und man weiß nicht, womit man zuerst beginnen soll.

Pik König in der Nähe warnt davor, nicht mit seinem eigenen Können oder seinen Leistungen zu prahlen, denn dies könnte Neid erregen, was sich mit der Zeit rächen würde.

KARO DREI

Karo Drei ist selbständig.
Selbständigkeit

Schlüsselworte
Selbständigkeit, Konstruktion, Arbeit, materielles Wachstum, Handel und Gewerbe, geschäftliche Kontakte.

Persönlichkeit der Karte
Karo Drei erinnert an die Fabel vom Wolf und den drei Schweinchen: Jedes der Schweinchen baute auf seine eigene Weise ein Haus, um sich vor dem Wolf zu schützen. Die drei Häuschen waren sehr unterschiedlich konstruiert und die Moral von der Geschichte lautete, daß das Häuschen des Schweinchens, das am härtesten arbeitete, den Angriffen des Wolfes am besten standhalten konnte. Karo Drei ist dieses hart arbeitende Schweinchen.
Die Karte ist eine selbständige Persönlichkeit, die gerne studiert, gerne Handarbeit verrichtet oder Handel treibt. Es kann ein Student, Geschäftsmann, Künstler, Handwerker oder Schüler sein, der hart arbeitet, um sein Ziel zu erreichen. Er baut seine Zukunft langsam aber sicher auf. Madame Lenormand zufolge symbolisiert Karo Drei das Durchkreuzen bestimmter Pläne in Liebesangelegenheiten.
Karo Drei wird vom Sternbild Zwillinge und den Planeten Merkur und Saturn regiert. Diese Karte zeigt meistens einen Mann.

Orakel
Aufrecht: Selbständigkeit. Konstruktion. Arbeit. Eine Geschäftskonferenz.
Karo Drei besitzt viel Tatkraft. Die Karte prophezeit materielles Wachstum und Gewinn in Handel, Gewerbe, Kunst oder Handwerk.
Man gründet ein Geschäft, das mit viel Geduld und Hingabe zu einem großen oder wichtigen Unternehmen ausgebaut wird. Eine wichtige Geschäftskonferenz steht bevor oder es werden geschäftliche Vereinbarungen getroffen, die in der Zukunft zu guten Resultaten führen werden. Es ist eine Zeit des Studiums. Studenten, denen diese Karte gelegt wird, werden ihre Examen höchstwahrscheinlich bestehen. Man geht bei einem Handwerker oder einer kreativen Person in die Lehre. Man kann mit dem erwünschten Stipendium oder dem Arbeitsvertrag oder der geschäftlichen Vereinbarung rechnen. Man baut ein Haus oder übernimmt ein Geschäft.
Wer hart an seiner Zukunft arbeitet, wird dafür belohnt.

Verkehrt herum: Ungeduld. Eine Periode der Schwäche. Ein Vertragsbruch.
Karo Drei verkehrt herum kündigt eine Periode der Schwäche, der Ungeduld und des Selbstmitleids an. Man handelt dilettantisch und wird dafür bestraft.
Man ist nicht in der Lage, selbständig zu arbeiten oder zu studieren. Man verliert sein Stipendium oder seinen Arbeitsvertrag. Ein Vertrag wird gekündigt oder gebrochen.

Eine geschäftliche Konferenz oder Verabredungen werden abgesagt.
Probleme mit der Arbeit, mit Arbeitnehmern oder Kollegen stehen bevor. Ein Haus oder ein Geschäft bringen viele Probleme.
Liebeskummer ist im Anzug... Karo Drei prophezeit auch einen Bruch mit Freunden oder Mitarbeitern.

Ein Blick in die Zukunft
Karo Drei kündigt eine konstruktive Zeit an. Man arbeitet an der Zukunft.
Wenn Karo Drei neben einem aufrechten König oder einer aufrechten Dame liegt, so kann man mit großem geschäftlichem Erfolg oder erfolgreichen Handelsverträgen rechnen. Liegen der König oder die Dame verkehrt herum, so wird man von einflußreichen Personen beschützt.

KARO VIER

Karo Vier verwirklicht Dinge durch Zusammenarbeit.
Zusammenarbeit

Schlüsselworte
Materielle Macht, Schutz, Verwirklichung, Realismus, Freundschaft, Gäste, angenehme Ereignisse, Zusammenarbeit.

Persönlichkeit der Karte

Karo Vier ist eine realistische Persönlichkeit, die mit beiden Beinen fest auf der Erde steht. Sie weiß, was sie wert ist. Sie arbeitet gern mit anderen zusammen, muß jedoch davor aufpassen, daß ihre Starrköpfigkeit und Beharrlichkeit nicht in Egoismus und Materialismus ausartet. Madame Lenormand zufolge symbolisiert Karo Vier, daß sich Freude und Liebe im Leben durchsetzen werden.
Karo Vier wird von den Planeten Sonne, Jupiter und Venus beeinflußt.

Orakel

Aufrecht: Hilfe und finanzielle Unterstützung von Freunden. Verwirklichung. Zusammenarbeit.
Karo Vier kündigt eine angenehme Periode an, in der Freundschaft Eintracht, Zusammenarbeit und Kollegialität an erster Stelle stehen.
Es ist eine gemütliche Zeit mit Freunden, in der gemeinsames Vergnügen wichtig ist. Du strebst nach materieller Sicherheit. Deine finanzielle Situation ist stabil. Aufgrund deines sparsamen Charakters hast du dir einen Notgroschen zurückgelegt. Du trittst unerwartet eine Erbschaft an. Diese Karte deutet auch auf materiellen Besitz hin. Eine bestimmte Angelegenheit oder Unternehmung kann jetzt gelingen. Liebe wird Glück und Reichtum bringen. Eine romantische Periode bricht an.

Verkehrt herum: Persönlichkeit, die auf Besitz bedacht ist. Verschlagenheit in geschäftlicher Hinsicht. Karo Vier verkehrt herum kündigt eine unangenehme und unsichere Periode an. Es geht hier um eine materialistische oder egoistische Persönlichkeit, die auf Besitz bedacht ist, nur an ihren eigenen Vorteil denkt und sich in geschäftlicher Hinsicht hinterhältig verhält.
Eine Unternehmung erleidet finanziellen Verlust durch Aufschub oder hemmende Faktoren. Das Finanzamt kontrolliert die Buchführung und ist nicht zufrieden. In der Liebe bekommt man es mit einer egoistischen Persönlichkeit zu tun, die auf Besitz und auf das eigene Vergnügen bedacht ist und vor den Problemen anderer die Augen verschließt.

Ein Blick in die Zukunft

Karo Vier prophezeit angenehme Ereignisse und eine fröhliche Zeit mit lieben Freunden oder geselligen Nachbarn. Man bekommt Gäste, man nimmt an Sport und Spiel teil oder hat ein gemeinsames Hobby.

KARO FÜNF

Karo Fünf muß geben und nehmen.
Ungewisses Schicksal

Schlüsselworte
Das Spiel des Schicksals. Geben und Nehmen, Gewinn und Verlust, Gleichmaß und Zufall, Streit und Versöhnung.

Persönlichkeit der Karte
Karo Fünf symbolisiert das Spiel des Schicksals.
Gewinn und Verlust wechseln einander ab, der Zufall setzt sich durch, ein plötzlicher Streit schreckt jeden auf, bald darauf folgt jedoch eine innige Versöhnung - und so weiter. Will man die wirkliche Botschaft dieser Karte erfahren, so muß man die Karten deuten, die sie umringen. Laut Madame Lenormand symbolisiert Karo Fünf einen übermütigen und eigensinnigen Charakter.
Karo Fünf wird vom Mond regiert. Diese Karte zeigt meistens eine Frau.

Orakel
Aufrecht: Ein kleines Geschenk. Eine Versöhnung. Die Zufälle des Schicksals.
Karo Fünf prophezeit eine kleine Gabe oder ein kleines Geschenk, ein Geldgeschenk, eine Überweisung oder eine kleine Geldsumme, die einem zugesteckt wird.
Du wirst von einem freundlichen oder ermutigenden Wort überrascht. In der Liebe werden Fortschritte erzielt. Du denkst über die Überraschungen des Schicksals nach. Dein Interesse an Spiritualität ist erwacht und du beschließt, etwas über dieses Thema zu lesen. Du erwägst eine Liebesheirat.

Verkehrt herum: Gewinn und Verlust. Unsicherheit.
Karo Fünf kündigt eine Periode der Einschränkungen und der Unsicherheit an.
Man hat mit finanziellen Problemen zu kämpfen. Man weiß nicht mehr, wie man die Probleme lösen soll. Aufgepaßt vor übermütigen Taten oder beim Autofahren! Man sollte nicht auf Klatsch hören. In geistiger Hinsicht erlebt man eine einsame Zeit, die von Schuldgefühlen und Buße geprägt ist. Manchmal deutet diese Karte auch auf eine Behinderung oder auf ein Gebrechen hin, das einem Probleme bereitet.

Ein Blick in die Zukunft
Die Botschaft der Karo Fünf hängt von den Karten ab, die sie umringen; sie geben die Bedeutung an oder liefern die nötige Information. Ist die Botschaft dieser Karten positiv, so schließt sich Karo Fünf dieser positiven Bedeutung an. Karten mit einer negativen oder enttäuschenden Bedeutung beeinflussen Karo Fünf und prophezeien eine schwere Periode, in der Einschränkungen und Einsamkeit im Mittelpunkt stehen.

KARO SECHS

Karo Sechs bewahrt ihr Gleichgewicht.
Wahrheit

Schlüsselworte
Hoffnung, Gleichgewicht, Ehrlichkeit, Gerechtigkeit, die Wahrheit.

Persönlichkeit der Karte
Karo Sechs ist eine ausgeglichene Persönlichkeit, die versucht, eine ehrliche und gerechte Haltung einzunehmen. Man kann natürlich nicht jeden zufriedenstellen, allerdings man kann versuchen, die anderen zu verstehen. Laut Madame Lenormand symbolisiert Karo Sechs das Verlangen nach stillem Glück und die Hoffnung, daß die Lebensumstände eine günstige Wendung nehmen oder aber eine Warnung vor schlechter Gesellschaft. Karo Sechs wird von den Planeten Venus, Mars und Neptun regiert.

Orakel
Aufrecht: Gleichgewicht. Die Wahrheit kommt ans Licht. Stabile Situation. Hoffnung und stilles Glück.
Karo Sechs ist eine edle und freundliche Persönlichkeit, die ihren Besitz mit anderen teilen will. Diese Karte kündigt Menschen, die in einer aussichtslosen Situation stecken, Hoffnung und Optimismus an. Oft verheißen die kleinen Dinge Glück, man muß sie nur erkennen. Man erfährt viel. Die Wahrheit kommt ans Licht. Man wird von einflußreichen Personen beschützt, die einen materiell und finanziell unterstützen werden. Karo Sechs prophezeit eine günstige, optimistische Periode und eine stabile finanzielle Situation. Es wird Zeit für Geschenke, mit denen Freunde einander überraschen.

Verkehrt herum: Entlarvung von Feinden. Schwierigkeiten im eigenen Umfeld.
Karo Sechs verkehrt herum prophezeit eine instabile und unangenehme Periode, in der dir Probleme mit dem Personal, schlechte Gesellschaft und unehrliche Partner das Leben sauer machen. Du lernst deine echten Freunde kennen und entlarvst zweifelhafte oder neidische Personen. In geschäftlicher Hinsicht ist Vorsicht geboten; du solltest vor Unehrlichkeit oder Unternehmungen aufpassen, die auf ein Fiasko hinauslaufen könnten. Du solltest keine Schulden machen, die du nicht zurückzahlen kannst. Du solltest nicht zu vertrauensselig sein und keine Vogel-Strauß-Politik betreiben, das könnte sich nämlich rächen.

Ein Blick in die Zukunft
Karo Sechs prophezeit eine schöne Zeit, in der man Vergnügen und geschäftliche Angelegenheiten miteinander verbindet. Man muß aufpassen, wenn eine Pikkarte neben der Karo Sechs liegt: Man könnte durch einen unerwarteten, geschäftlichen Mißerfolg enttäuscht werden.

KARO SIEBEN

Karo Sieben überläßt alles dem Zufall.
Überraschung

Schlüsselworte
Unvorhergesehene Umstände, Zufall, Überraschung, Gedanken, Entscheidungen, Neuigkeiten, Glücksfälle.

Persönlichkeit der Karte
Karo Sieben hofft auf Inspiration und läßt sich durch den Geist führen. Ihr Leben ist nicht gerade einfach, sie hat sowohl Glücksfälle als auch Mißgeschicke erlebt. Manchmal fühlt sie sich himmelhoch jauchzend, dann wieder tiefbetrübt. Du hörst Neuigkeiten und fragst dich, auf welchem Standpunkt du stehen solltest. Du mußt eine Entscheidung treffen und nicht alles dem Zufall überlassen. Die Karte ermahnt dich, aufmerksam und vorsichtig zu handeln, um in der Zukunft bestimmte Erfolge erzielen zu können.
Madame Lenormand zufolge symbolisiert Karo Sieben eine junge Frau einer anderen Nationalität oder Liebeskummer, Glücksfälle und Mißgeschicke, den Zufall, unvorhergesehene Umstände und die Launenhaftigkeit des Schicksals. Nach Etteilla deutet Karo Sieben auf die aktuelle Situation des Fragestellers hin.
Karo Sieben wird von den Planeten Merkur, Saturn und Neptun regiert.

Orakel
Aufrecht: ein glücklicher Zufall, gute Neuigkeiten, Glücksfälle, Erfolg, Gewinn, Inspiration.
Karo Sieben ist eine blonde, junge Frau oder eine Ausländerin. Diese Karte kündigt Glück im Spiel an und wichtige Neuigkeiten, mit deren Hilfe man Fortschritte erzielen kann oder einen glücklichen Zufall. Eine Angelegenheit oder Unternehmung wird in der Zukunft erfolgreich sein, wenn man alles sorgfältig vorbereitet hat. Künstler werden inspiriert und andere bekommen einen Tip, aus dem sie Nutzen ziehen können. Du bist gezwungen, über eine Angelegenheit, der du viel Aufmerksamkeit schenken mußt, eine Entscheidung zu treffen. Ein gestecktes Ziel erreichst du nur durch große Anstrengungen, die Resultate sind jedoch dementsprechend. Karo Sieben prophezeit auch, daß du einen Kredit aufnimmst oder dich auf einen Tauschhandel einläßt, der erst später Erträge abwirft.
Tiere haben viel Aufmerksamkeit nötig, sie bereiten dir jedoch auch viel Freude. Jemand hat sich in dich verliebt und denkt an dich... er weiß jedoch nicht, wie er dir seine Gefühle zeigen soll. Manchmal kündigt Karo Sieben eine Hochzeit an, um hierüber mehr zu erfahren, mußt du die sie umringenden Karten deuten.

Verkehrt herum: Aufschub. Unsicherheit. Schwierigkeiten. Verlust.
Karo Sieben verkehrt herum kündigt Aufschub an, der eine Zerreißprobe für die Nerven bedeutet. Erfolg bleibt aus, Geschäfte werden aufgeschoben, unerwartete Hindernisse tauchen auf und Armut oder Einschränkungen drohen. Gut gemeinte Taten führen zu nichts. Du mußt übles Gerede oder launenhafte Freunde ertragen.
In der Liebe wirst du eine Enttäuschung erleben oder sie wird dir Liebeskummer bereiten.
Eine große Pechsträhne naht.

Ein Blick in die Zukunft
Karo Sieben kündigt eine Periode an, in der das Denken an die Zukunft oder die Gedanken anderer dein Leben beeinflussen.

KARO ACHT

Karo Acht ist geschickt.
Arbeit

Schlüsselworte
Disziplin, Eifer, Geschicklichkeit, Kreativität, Erfolg im Studium oder geschäftlicher Erfolg.

Persönlichkeit der Karte
Karo Acht ist eine sparsame, fleißige und disziplinierte Persönlichkeit. Diese Karte taucht bei Studenten und kreativen oder künstlerisch veranlagten Menschen auf, die gerne Handarbeit verrichten. Madame Lenormand zufolge symbolisiert Karo Acht die Lösung eines Problems oder aber eine Reise, die das Leben verändert.
Karo Acht wird vom Sternbild Wassermann und den Planeten Saturn und Uranus beeinflußt. Diese Karte zeigt meistens einen Mann.

Orakel
Aufrecht: Ein Neuanfang oder ein Ausweg aus finanziellen Schwierigkeiten, Neuorientierung von Studium oder Arbeit. Beförderung.
Karo Acht prophezeit berufliches Vorwärtskommen und man macht Fortschritte im Hinblick auf Arbeit, Studium und Geschäfte. Man findet die Lösung eines komplizierten Problems, das mit der Arbeit zu tun hat oder es gelingt einem, in einer zeitraubenden Unternehmung Erfolge zu erzielen. Man hört Neuigkeiten oder Berichte aus der Ferne, die mit der Arbeit, dem Studium oder Geschäften in Zusammenhang stehen. Man geht überraschend auf Reisen, um einer wichtigen oder alteingesessenen Firma sein Produkt zu präsentieren. Eine Geschäftsreise wird besonders erfolgreich sein und für neue, interessante und einträgliche Aufträge sorgen. Dein Erzeugnis wird in der Zukunft sehr gefragt sein und sogar sehr bekannt werden. Man wird bei einer einflußreichen Frau ein gutes Wort für dich einlegen. Du bekommst überraschenderweise ein schönes oder wertvolles Schmuckstück geschenkt.
Diese Karte prophezeit auch, daß du eine Einladung erhältst: Zu einem schönen Fest an der frischen Luft, wie ein Grillabend oder zu einem Skiurlaub, zu einem schönen Ausflug, zu einer Reise oder man will mit dir ins Schwimmbad gehen oder an den Strand fahren.

Verkehrt herum: Stellenwechsel.
Karo Acht verkehrt herum warnt vor Ungeduld oder Entmutigung. Du kommst nicht voran mit der Arbeit, du fällst durch ein Examen oder es geht dir eine Beförderung durch die Lappen. Du solltest dich nicht dilettantisch verhalten und ehrlich sein, wenn du von deiner Begabung Gebrauch machst. Stelle keine wertlosen Produkte her. Ein Auftrag scheitert, du mußt einen Aufschub verkraften oder stößt auf unerwartete Hindernisse.

Diese Karte steht auch für Habsucht oder Geiz. Du mußt kleine, finanzielle Fehlschläge verkraften oder du bekommst mit Unsicherheit im Hinblick auf die Arbeit, das Studium oder die Geschäfte zu tun.
Du kannst keine endgültige Lösung für ein lästiges Problem finden oder du packst bestimmte Angelegenheiten falsch an. Du bekommst im Ausland Schwierigkeiten mit einem Ausländer: die Botschaft wird falsch verstanden.
Die wichtigste Botschaft dieser Karte ist jedoch ein Stellenwechsel und das braucht nicht unbedingt negativ zu sein!

Ein Blick in die Zukunft

Karo Acht steht für einen Menschen mit viel Arbeitseifer oder für eine Studien- oder Geschäftsreise. Liegt diese Karte zwischen zwei Herzkarten, so unternimmt man eine Vergnügungsfahrt. Man geht auf Reisen um zu studieren oder um bestimmte Dinge zu erfahren, wenn Karo Acht zwischen zwei Kreuzkarten liegt. Diese Reise wird erfolgreich und ungefährlich sein! Man trifft auf dieser Reise eine einflußreiche oder wichtige Person, wenn diese Karte von Herzkarten umringt ist.

KARO NEUN

Karo Neun hat Erfolg.
Erfolg

Schlüsselworte
Erfolg, Zusammenarbeit, Neuigkeiten, Vergnügen.

Persönlichkeit der Karte
Karo Neun weiß, wie man mit Geld umgehen muß. Sie hat eine feine Nase für Geschäfte, verwaltet den Gewinn gut und legt ihn umsichtig und vernünftig an. Diese Karte steht auch für jemanden, der in finanzieller Hinsicht verwöhnt ist und die angenehmen Dinge des Lebens liebt. Laut Madame Lenormand symbolisiert Karo Neun das Ende eines bestimmten Lebensabschnitts, Neuigkeiten oder das Abreisen ins Ausland.
Karo Neun wird von dem Planeten Pluto regiert.

Orakel
Aufrecht: Eine finanzielle Überraschung, wie das große Los oder eine Erbschaft. Eine Fernreise oder Abfahrt ins Ausland. Zusammenarbeit.
Karo Neun kündigt Erfolg und eine Zusammenarbeit an, die viel Geld einbringt. Finanzielle Neuigkeiten kündigen sich an: Man hat in einer Lotterie gewonnen oder erbt von einer reichen Tante. Die Karte prophezeit eine günstige Periode für Geschäfte, finanziellen Gewinn durch gute Anlagen, eine stabile finanzielle Situation und materielle Sicherheit.
Karo Neun kündigt auch eine Fernreise oder Abreise ins Ausland an; man bereitet eine (Geschäfts-) Reise vor, um Geld zu verdienen.

Verkehrt herum: Finanzielle Mißgeschicke. Scheidung. Diebstahl. Hindernisse. Bankrott. Untergang. Das Ende.
Karo Neun verkehrt herum ermahnt zur Vorsicht. Man sollte kein Geld in unrentable Projekte oder finanzielle Luftschlösser stecken. Man sollte sparsam sein und kein Geld verprassen. Man sollte falsche Freunde oder jene Geschäftspartner meiden, welche die Geschäfte verderben, weil sie Geld für üppige Geschäftsessen und Trinkgelage vergeuden.
Es bereitet einem Schwierigkeiten, eine bestimmte Angelegenheit zu einem guten Ende zu führen. Geschäfte werden aufgeschoben, man muß schwierige Entscheidungen treffen, man denkt an Scheidung, eine geplante Reise wird aufgeschoben, man macht sich Sorgen über ein Haus oder über lästige Freunde. Man sollte sich vor falscher Hoffnung hüten oder vor Menschen, welche die Absicht haben, einem unter falschen Vorwänden Geld abzuschwatzen. Man lauert auf Ihr Geld! Wer nicht an morgen denkt, könnte schon bald einem finanziellen Untergang entgegengehen. Man sollte seine Gesundheit gut im Auge behalten.

Ein Blick in die Zukunft

Karo Neun prophezeit finanzielle Neuigkeiten oder eine finanzielle oder geschäftliche Überraschung. Es erwarten einen gute Nachrichten, wenn diese Karte neben einer Herzkarte liegt; eine Kreuzkarte bedeutet einen finanziellen Glücksfall oder günstige Berichte; eine Karo- oder Pikkarte hingegen bedeutet, daß man enttäuscht wird oder einen finanziellen Verlust erleidet. Tauchen Pik As, Pik Zehn, Pik Neun und Pik Drei auf, so könnte der Tod eines Menschen prophezeit werden.

KARO ZEHN

Karo Zehn zählt ihr Geld.
Geld

Schlüsselworte
Etablierte Stellung, Familienangelegenheiten, Investitionen, Reichtum, Gewinn und Geld.

Persönlichkeit der Karte
Karo Zehn ist eine gebildete oder erfolgreiche Persönlichkeit. Ihre Familie ist seit Menschengedenken von hoher Geburt oder sie hat ihr Vermögen ehrlich verdient, womit sie sich Respekt verschafft. Karo Zehn mahnt, daß man sich nicht nur auf materielle Angelegenheiten, sondern auch auf geistige Dinge konzentrieren muß, wenn man ein ausgeglichener und glücklicher Mensch werden will. Madame Lenormand zufolge symbolisiert Karo Zehn ein Studium, ein Geheimnis oder eine Reise. Karo Zehn steht unter dem Einfluß der Planeten Saturn und Jupiter.

Orakel
Aufrecht: Geld durch diskrete Unterhandlungen. Studium, Reisepläne und Geschäfte. Karo Zehn steht für eine gute, angesehene und alteingesessene Familie. Geld wird umsichtig und vernünftig angelegt oder es wird ausgegeben, um ein Haus zu kaufen oder zu renovieren, ein Universitätsstudium zu finanzieren, Aktien und Obligationen zu kaufen oder um eine Geschäftsreise oder einträgliche Geschäfte zu machen. Diese Karte prophezeit den guten Verlauf einer bestimmten Unternehmung, Reisepläne, die Arbeit an Verträgen und Vereinbarungen, die mit Geld zusammenhängen oder ein Geheimnis, das strengste Diskretion verlangt.

Verkehrt herum: Ein Versprechen, das nicht gehalten wurde. Aufschub einer Reise. Karo Zehn verkehrt herum warnt vor Verlust des guten Namens, Geldverlust, Verlust einer Erbschaft, Gesichtsverlust, Gewinn und Verlust, Vertrauensmißbrauch, eine Reise mit Hindernissen, eine verlorene Wette und vor einem Versprechen, das nicht gehalten wurde. Man sollte sich vor einem verräterischen Vorschlag in acht nehmen und nicht über seine Verhältnisse leben. Du erlebst eine unangenehme Überraschung oder einen Vertrauensmißbrauch und du mußt dich abmühen, wenn du etwas erreichen willst. Du solltest Vorsichtsmaßnahmen treffen, falls du verreisen mußt. Finanzielle Vereinbarungen und Verträge werden verzögert. Du solltest von dem gut gefüllten Portemonnaie des reichen Vaters nicht zu viel erwarten, denn du könntest bitter enttäuscht werden. Du solltest dich vor den Manieren der Neureichen hüten.

Ein Blick in die Zukunft

Karo Zehn steht mit Geldangelegenheiten in Zusammenhang. Wenn sich Karo Zehn zwischen zwei Pikkarten befindet, so wirst du eine lange Reise unternehmen. Wenn die Karte zwischen zwei Herzkarten liegt, wirst du einen gemütlichen Ausflug oder eine Reise machen, um finanziellen Gewinn zu erzielen, der jedoch nicht den Erwartungen entspricht, wenn Karo Zehn zwischen zwei Kreuzkarten liegt.

Liegt Karo Zehn neben der Kreuz Dame, so wirst du eine gutaussehende Frau kennenlernen, die versuchen wird, dir mit ihrem Charme etwas abzuluchsen. Herz Dame neben der Karo Zehn prophezeit eine freundliche Frau, die sich aufrichtig für dich interessiert.

KARO BUBE

Karo Bube bringt Neuigkeiten.
Transformation

Schlüsselworte
Ambition, Energie, Standhaftigkeit, Verteidigung, eine wichtige Neuigkeit oder Botschaft.

Persönlichkeit der Karte
Karo Bube ist ein junger Mann mit braunem Haar und dunklen Augen. Er kann nicht stillsitzen und hat einen ungestümen, ehrgeizigen und erfinderischen Charakter. Er ist in allen Sätteln gerecht. Er interessiert sich für Wissenschaft, Dienstleistung, neue Ideen und Philosophie. Diese Persönlichkeit ist auf der Suche nach sich selbst. Er steht an einem Wendepunkt seines Lebens, was bedeuten kann, daß er ein Ideal verwirklichen will oder einen Konflikt lösen muß. Er ist auf der Suche nach Sicherheit und nach harmonischen Beziehungen, er begreift jedoch nicht, daß er selber wissen muß, was er will. Denn erst dann kann er die innere Ruhe finden, wonach er schon sein ganzes Leben auf der Suche ist. Laut Madame Lenormand symbolisiert Karo Bube einen jungen Ausländer oder eine Zweifler, eine überraschende und wichtige Neuigkeit oder Nachricht.
Karo Bube wird von den Planeten Pluto und Uranus regiert.

Orakel
Aufrecht: Ein junger Mann oder Ausländer. Ein Brief oder Bericht aus dem Ausland. Karo Bube personifiziert einen jungen Mann, einen Ausländer, Verwandten, Soldaten, Geschäftsmann, Beamten oder Briefträger oder jemanden vom Lande. Er bringt dir gute Nachrichten; dies könnte ein Anruf oder ein Brief aus dem Ausland sein oder eine Nachricht von jemandem, von dem du schon lange Zeit nichts mehr gehört hast. Jemand denkt an dich und erwartet, daß du etwas von dir hören läßt.
Du wirst in einer bestimmten Situation Erfolg haben. Du verteidigst dich gegen jemanden, wodurch eine Gefahr oder eine Drohung abgewendet wird.

Verkehrt herum: Gefahr, Bruch oder plötzliche Veränderungen. Ein Unfall. Karo Bube verkehrt herum warnt vor einer ehrgeizigen Person, die versucht, dir zu schmeicheln und dich für sich zu gewinnen. Sei wachsam! Dieser Mensch will dich für eigene Zwecke gebrauchen. Er ist noch auf der Suche nach seinem Selbstwertgefühl und er ist ein geborener Zweifler. Er will, daß seine Träume in Erfüllung gehen und er ist ein wenig neidisch auf andere, die es schon “geschafft” haben. Karo Bube verkehrt herum kündigt an, daß man dir etwas verschweigt oder etwas vor dir verbirgt. Man will dich in eine Falle locken.
Du hörst traurige Neuigkeiten oder bekommst einen traurigen Brief.

Diese Karte warnt vor Dieben, Lügnern, verräterischen Vorschlägen, vor einer problematischen Verlobung, vor Gefahr, vor einem Bruch oder dem abrupten Ende eines Zustandes oder vor einem Unfall.

Ein Blick in die Zukunft

Karo Bube kündigt eine Botschaft, eine Nachricht, einen Anruf oder einen Brief an, meistens aus dem Ausland oder von außen. Einer Frau prophezeit er gute Neuigkeiten über ihren Liebsten oder Ehemann, der sich im Ausland aufhält.
Einer Frau, in deren Kartenkombination ein Karo Bube liegt, wird ein ausländischer Heiratskandidat prophezeit. Karo Bube, der von Herzkarten umringt ist, hat einen treuen Charakter; ist eine Kreuzkarte präsent, so ist er ein hingebungsvoller und freundlicher Liebhaber, der sehr hilfsbereit ist, aber eine Karokarte deutet auf einen eifersüchtigen Charakter hin.
Pik Sieben, die neben dem Karo Buben liegt, prophezeit, daß ein Herzenswunsch in Erfüllung gehen wird.

KARO DAME

Karo Dame muß warten.
Zeit

Schlüsselworte
Abwartend, häuslich, ruhig, vernünftig, praktisch, geschmackvoll, materielle Sicherheit, die vier Jahreszeiten, die Wahl oder ein Wendepunkt im Leben.

Persönlichkeit der Karte
Karo Dame ist eine Frau mit braunem oder grauem Haar und dunklen Augen. Sie ist die Frau am Herd; sie läßt sich durch nichts beirren und lebt im Wohlstand. Diese Persönlichkeit ist nüchtern und bedächtig und praktisch eingestellt. Sie läßt sich von niemandem etwas vormachen.
Karo Dame ist geschickt und hat einen guten Geschmack. Da sie ihr Haus liebt, setzt sie ihr gestalterisches Talent ein, um es einzurichten. Sie ist eine vernünftige Hausfrau, die jedoch aufpassen muß, daß sie kein Hausmütterchen wird: denn sie hat viele Talente! Laut Madame Lenormand symbolisiert Karo Dame eine ehrgeizige Frau oder Ausländerin, die vor einem Wendepunkt in ihrem Leben steht. Zudem verrät diese Karte Probleme, deren Ursache eine gut eingefädelte Intrige ist.
Karo Dame wird von den Planeten Mond und Venus beeinflußt.

Orakel
Aufrecht: Eine ältere Frau oder Ausländerin. Die vier Jahreszeiten. Eine Wahl oder ein Wendepunkt im Leben. Eine Reise oder ein Ausflug aufs Land. Auf Neuigkeiten warten.
Karo Dame personifiziert eine blonde, ältere Frau, eine Ausländerin oder Schwiegermutter. Man findet sie auf dem Lande, wo das Leben ruhig verläuft, sie ist eine Hausfrau oder eine verheiratete Frau, der es in materieller Hinsicht an nichts mangelt.
Diese Karte warnt auch vor dem grauen Alltag. Sie wird an einen Wendepunkt in ihrem Leben gelangen. Welchen Weg wird sie einschlagen? Den sicheren Weg der Gewohnheiten und der vertrauten Dinge oder den unsicheren Weg des Abenteuers und des Unbekannten? Die Botschaft der Karo Dame lautet, daß man "den inneren Weg" einschlagen oder eine Entdeckungsreise in die eigene Persönlichkeit unternehmen sollte, um nach Talenten und inneren Werten zu forschen.
Manche werden sich mit philosophischen oder metaphysischen Themen beschäftigen, andere hingegen werden einen Sprachkursus machen oder die Kunst des Blumensteckens erlernen. Wichtig ist nur, daß man seine Talente entfaltet!
Diese Karte prophezeit auch Ereignisse zum Wechsel der Jahreszeiten, eine Reise, einen Ausflug oder das Warten auf Neuigkeiten.

Verkehrt herum: Aprillaunen. Launenhaftigkeit. Intrigen oder Verleumdung.
Karo Dame verkehrt herum kündigt eine lästige, kritische, ungeduldige, unschlüssige oder launische Frau an, die ihre Pflichten vernachlässigt. Sie will das Rollenverhalten und ihr Hausfrauendasein durchbrechen, sie muß jedoch erst ergründen, ob sie die materielle Sicherheit und Geborgenheit entbehren kann, die ihr Partner ihr bietet. Karo Dame muß zur Ruhe kommen und überlegen, was sie wirklich will.
Diese Karte verkehrt herum kündigt Nachdenken, Sorgen und grauen Alltag an oder eine Periode, in der dich alles kalt läßt und in der du in Ruhe gelassen werden willst. Karo Dame verkehrt herum warnt davor, daß dir jemand die Stellung neidet. Eine Frau wird dir das Leben sauer machen. Nimm dich vor Verkehrsunfällen in acht!

Ein Blick in die Zukunft
Karo Dame hat Charakterstärke und ist eine geborene Organisatorin. Man wird Fortschritte machen, wenn man sie in seinen Reihen hat!
Diese Frau deutet auf eine bevorstehende Hochzeit hin, einem jungen Mann prophezeit sie ein Verhältnis.
Wenn man mehr über ihren Charakter erfahren will, so muß man die Karten in ihrer Nähe betrachten. Befindet sich die Karo Dame in der Gesellschaft einer Herzkarte, so wird ein Mann in Kürze eine glückliche Ehe mit einer freundlichen und gutherzigen Frau führen. Karo Dame neben einer Kreuzkarte prophezeit eine bedächtige und geschickte Frau. Liegt eine Karokarte bei der Karo Dame, so kann sie dir mit ihrem launischen und egoistischen Charakter Schwierigkeiten bereiten. Dennoch ist sie auf ihre Weise hingebungsvoll. Allerdings wirst du vor einer Ehe voller Spannungen und Konflikten gewarnt. Wenn sie neben einer Pikkarte liegt, so werden Betrug und Intrigen vorhergesagt. Karo Dame ist eine Herausforderung für jeden Mann!
Eine Frau tut gut daran, sich die Karo Dame warmzuhalten. Betrachte die umringenden Karten, wenn du mehr über ihren Charakter erfahren willst. Ein Pik As neben der Karo Dame kündigt an, daß du an Kindern viel Freude hast. Pik Zehn neben der Karo Dame kündigt Veränderung im Hinblick auf das Verhalten oder die Gefühle an. Mehr Auskunft geben die Karten, welche die Pik Zehn umringen.

KARO KÖNIG

Karo König arbeitet hart.
Gunst

Schlüsselworte
Treue, Gerechtigkeit, Stolz, Eifer, Pflicht, Arbeit, Mathematik, Industrie, Bankwesen, Reichtum, Ehre, Militär, Bauer, ein Ausländer, der Schwiegervater.

Persönlichkeit der Karte
Karo König ist ein Mann mit braunem oder grauem Haar und dunklen Augen.
Er ist ein Mann, der seine Intelligenz und praktische Einstellung voll und ganz ausnutzt. Er verrichtet gerne Handarbeit und hat keine Angst davor, sich schmutzig zu machen. Er hat einen treuen und bedächtigen Charakter und handelt vorsichtig, ist manchmal jedoch dogmatisch. Da Karo König sehr pflichtgetreu und arbeitsam ist, muß davor aufpassen, daß ihn seine Arbeit nicht völlig in Anspruch nimmt, wodurch er seine Familie oder Gesundheit vernachlässigt. Madame Lenormand zufolge symbolisiert Karo König einen älteren Mann aus einem anderen Land, von dem du eine verlockende Einladung erhältst.
Karo König wird von den Planeten Sonne und Jupiter beeinflußt.

Orakel
Aufrecht: Die Einladung eines wohlhabenden Mannes oder Ausländers, sich an einer einträglichen Unternehmung oder an etwas, das Glück bringt, zu beteiligen.
Karo König ist oft ein älterer Mann. Er personifiziert meistens den Schwiegervater. Er kann ein Bauer, ein Industrieller, ein Soldat oder ein Ausländer sein. Sein arbeitsamer Charakter sorgt für ein regelmäßiges Einkommen und kann die Basis eines Vermögens sein, das er langsam aber sicher zusammenspart. Sein Bankguthaben wächst beständig. Er hat eine Begabung für Mathematik. Er ist oft im Bankwesen oder in der Schwerindustrie tätig oder er ist ein stolzer Soldat, der streng und gerecht darüber wacht, daß andere ihre Pflichten erfüllen.
Diese Karte bewirkt, daß man auf der Arbeit auf dich aufmerksam wird, du kannst befördert oder in gesellschaftlicher Hinsicht begünstigt werden.

Verkehrt herum: Verborgene Feindschaft. Harte Arbeite und wenig Verdienste.
Karo König verkehrt herum warnt vor großen Schwierigkeiten im Hinblick auf die Arbeit. Du mußt hart arbeiten und verdienst wenig. Karo König warnt vor einer langweiligen, dummen und trägen Person, die sich gegenüber ihren Mitmenschen neidisch, argwöhnisch oder gleichgültig verhält. Diese Karte prophezeit auch große Verluste durch Zusammenarbeit mit Spielern oder Spekulanten.
Zwischen Freunden droht Streit, weil guter Rat nicht befolgt wird.

Ein Blick in die Zukunft

Karo König steht für einen verheirateten oder alleinstehenden Mann oder einen ungeduldigen, stolzen und unverschämten Ausländer. Er ist schwer zu ergründen und es stellt sich heraus, daß er ein lästiger Geschäftspartner ist. In Liebesangelegenheiten kann er sich launisch und eifersüchtig verhalten, zugleich versucht er jedoch, dich mit Schmeicheleien vor seinen Karren zu spannen.

Liegt eine Herzkarte neben ihn, so wird Karo König treu und hingebungsvoll sein; liegt eine Kreuzkarte neben ihm, so ist er loyal und hilfsbereit; eine Karokarte bedeutet, daß er ein egoistischer und eifersüchtiger Mann ist, der dich für eigene Zwecke gebraucht; eine Pikkarte warnt vor einem geizigen und untreuen Liebhaber. Du solltest die Hoffnung jedoch nicht aufgeben, denn wenn noch andere Karten in seiner Nähe liegen, so kann ihr positiver Einfluß seinen Charakter mildern.

Sollten die Karten von einer älteren Frau gedeutet werden, so ist kein Liebhaber gemeint, sondern ein guter Freund, der dich regelmäßig besucht.

KARO AS

Karo As kündigt Neuigkeiten an.
Optimismus

Schlüsselworte
Intuition, Arbeit, Wirtschaft, materieller Gewinn, Neuigkeiten, Dokumente.

Persönlichkeit der Karte

Karo As kann rechnen. Es ist eine starke und optimistische Persönlichkeit, die auf Reichtum und Glück hinarbeitet. Diese Karte gibt Vermögen und Glück, warnt jedoch auch davor, daß das Glück nicht nur in Geld und Reichtum verborgen liegt. Karo As hat viel mehr auf dem Kasten; mit seiner ausgeprägten Intuition und seinem großen Talent kann er das echte Glück in seinem eigenen Herzen finden. Madame Lenormand zufolge symbolisiert Karo As günstige Nachrichten durch Briefe, Dokumente oder Verträge.
Karo As wird von der Sonne regiert.

Orakel

Aufrecht: Günstige Nachrichten. Ein Brief oder Dokument.
Karo As bringt Neuigkeiten. Der Briefträger klingelt an der Tür und bringt ein Einschreiben, einen wichtigen Brief oder ein Dokument.
Dies ist eine Karte, die Glück und materiellen Gewinn verheißt. Ein Betrieb oder ein Handelsunternehmen werden gegründet oder ein Büro wird eröffnet oder eine bestehende Firma wird endlich florieren.
Karo As kündigt eine gute Unternehmung oder eine Erbschaft an, die viel Freude bereiten wird.

Verkehrt herum: Verloren gegangene oder schlecht verwaltete Dokumente. Karo As verkehrt herum besagt, daß du vorsichtig und im stillen handeln solltest. Behalte deine administrativen, geschäftlichen oder juristischen Dokumente im Auge. Beantworte Briefe rechtzeitig. Du solltest unbezahlte Rechnungen nicht liegenlassen, sondern sie rechtzeitig bezahlen! Schließe eine gute Versicherung bei einer renommierten Versicherungsgesellschaft ab. Beachte das Kleingedruckte im Vertrag; du solltest alles sorgfältig durchlesen, bevor du etwas unterzeichnest. Die Post kommt nicht an oder geht verloren. Auf dem Postamt oder in der Bankfiliale ist man indiskret.
Diese Karte warnt auch vor einem langwierigen oder unangenehmen Prozeß. Suche einen guten Anwalt, der dich verteidigt!

Ein Blick in die Zukunft

Karo As kündigt Neuigkeiten an. Ein Brief wartet auf dich oder ein Dokument muß in Ordnung gebracht werden.

Du bekommst einen Liebesbrief, wenn Karo As in der Nähe einer Herzkarte liegt. Du bekommst ein wichtiges, geschäftliches Dokument, einen Vertrag oder eine Zahlungsanweisung zugeschickt, wenn diese Karte mit einer Kreuzkarte einhergeht. Wird Karo As von Karokarten umringt, so prophezeit sie einen Brief mit einem bösartigen, eifersüchtigen oder neidischen Inhalt. Liegt eine Pikkarte neben Karo As, so empfängt man Rechnungen, die dringend beglichen werden müssen.

PIK ZWEI

Pik Zwei birgt ein Geheimnis.
Geheimnis

Schlüsselworte
Ein Geheimnis, vertrauliche Mitteilung, Mysterium, Freundschaft, aber auch Verrat, Feindschaft oder Rivalität.

Persönlichkeit der Karte
Pik Zwei ist ein Buch mit sieben Siegeln. Aus dieser Persönlichkeit kann man nicht klug werden. Ihre Gedanken sind unergründlich, so daß sie einen geheimnisvollen und mysteriösen Eindruck macht. Madame Lenormand zufolge symbolisiert Pik Zwei die eigenen Gedanken - dasjenige, was andere nur dann ergründen können, wenn man es ihnen erzählt.
Pik Zwei steht unter dem Einfluß der Planeten Saturn, Neptun und Pluto.

Orakel
Aufrecht: Ein Geheimnis oder eine vertrauliche Mitteilung. Fahrzeuge. Ein Postpaket oder eine Sendung.
Pik Zwei erfährt ein Geheimnis oder die Gedanken einer geliebten Person. Du genießt von einer heimlichen Freundschaft. Ein Freund schickt dir ein Paket. Ein Auto, ein Moped oder ein Fahrrad müssen gewartet oder repariert werden.

Verkehrt herum: Unentschlossenheit. Düstere Wolken. Verrat. Verborgene Feindschaft. Eine Scheidung.
Man wird von jemandem verraten, dem man blind vertraut hat. Man weiß nicht, wie man reagieren soll. Es wird einige Zeit dauern, bevor sich die erregten Gemüter beruhigt haben. Abschied von einer geliebten Person, die übereilt abreist.
Ein Mann leidet an Impotenz. Nimm dich vor verborgener Feindschaft in deiner Umgebung in acht. Jemand macht einen sehr unsympathischen Eindruck. Man will von dir profitieren. Leihe sogenannten (falschen) Freunden kein Geld. Mache keine Spielschulden.
Nimm dich vor einem Verkehrsunfall oder einem Gewitter in acht. Suche keinen Schutz unter Bäumen und inspiziere die Stromleitungen im Hause.

Ein Blick in die Zukunft
Pik Zwei hängt wie eine düstere Wolke über deinen Karten. Entweder werden deine Gedanken von Sorgen oder Unentschlossenheit getrübt oder es droht ein Unheil. Betrachte die Botschaft der Karten, die Pik Zwei umringen. Sie können dir mehr verraten.

PIK DREI

Pik Drei wird auf die Probe gestellt.
Prüfung

Schlüsselworte
Prüfung, Glaube, Selbstvertrauen, Bedrohung, der Lebensfaden, ein Dreiecksverhältnis.

Persönlichkeit der Karte
Pik Drei wird von Kummer zerrissen, den sie tapfer erträgt. Ihr Schmerz untergräbt ihre Gesundheit und Psyche und kann eine ernste Krankheit zur Folge haben. Ihr Vertrauen zur Menschheit ist erschüttert. Ihr Selbstvertrauen hat einen gehörigen Knacks bekommen. Im Grunde ist sie auf der Suche nach sich selbst. Sie muß lernen, Vertrauen in ihre eigenen Möglichkeiten zu setzen und sie muß mehr Selbstvertrauen bekommen. Laut Madame Lenormand warnt Pik Drei vor einer heiklen Situation, vor Kummer oder vor einer ernsten Krankheit, die den Tod herbeiführen kann.
Pik Drei wird von den Planeten Mond, Mars, Saturn und Pluto beeinflußt.

Orakel
Aufrecht: Glaube und Vertrauen. Der Lebensfaden.
Pik Drei sollte ihre Lebensenergie im Auge behalten und sich von einem guten, verständnisvollen Arzt behandeln lassen. Du bekommst einen wichtigen Brief mit entscheidenden Neuigkeiten über Herzensangelegenheiten.

Verkehrt herum: Prüfung, Haß, Verwirrung. Eine Operation. Ein Dreiecksverhältnis.
Pik Drei verkehrt herum muß eine schwere Prüfung durchstehen. Es handelt sich um Liebeskummer oder ein Dreiecksverhältnis. Du gerätst in einen chaotischen Lebensabschnitt. Eine nachtragende Person bereitet ernste Probleme.
Pik Drei warnt vor einer ernsten Krankheit oder einer Operation, die schlecht abläuft. In der Familie herrscht Uneinigkeit. Im Berufsleben wird man mit Verwirrung, Stagnation oder der schlechten Organisation der Arbeit konfrontiert.

Ein Blick in die Zukunft
Pik Drei warnt vor einem drohenden Gewitter. Die umringenden Karten verdeutlichen, wo die Gefahr droht. Zusammen mit Pik As, Pik Zehn, Pik Neun und Karo Neun kann der Tod oder ein vollkommener geistiger Untergang prophezeit werden.

PIK VIER

Pik Vier schweigt sich aus.
Verschlossenheit

Schlüsselworte
Traum, Verschlossenheit, Mäßigung, Annäherung, Besinnung, Schweigsamkeit, Verträglichkeit, stilles Leiden, Eifersucht.

Persönlichkeit der Karte
Pik Vier ist ein Mensch mit gutem Willen. Er ist tolerant und denkt über die Folgen seiner Taten nach. Er kann seine Meinung nicht gut vertreten und hüllt sich meistens in Schweigen. Streit mag er nicht und er versucht, Harmonie zu wahren. Pik Vier ist auch ein verschlossener Mensch, der alles in sich hineinfrißt. Er läßt sich nicht anmerken, was er denkt oder fühlt. So kann er lange Zeit im stillen leiden, ohne daß jemand etwas davon merkt. Die Karte deutet auf eine träumerische Persönlichkeit hin, die am liebsten in Ruhe gelassen wird. Madame Lenormand zufolge symbolisiert sie eine Persönlichkeit, die ihre Träume für die Wirklichkeit hält. Sie leidet unter Eifersucht oder Angst, wenn sie enttäuscht wird.
Pik Vier wird durch den Mond, Venus, Saturn und Neptun beeinflußt.

Orakel
Aufrecht: Träume. Ruhe. Besinnung. Versöhnung.
Pik Vier kündigt eine Zeit der Besinnung an. Du gehst alles der Reihe nach durch, um eine gute und definitive Entscheidung treffen zu können. Du verspürst die Neigung, dich zurückzuziehen, um so über dein Leben nachdenken zu können. Du schenkst deinen Träumen viel Beachtung und du versuchst, ihre Symbolik zu durchschauen, um so deine eigene Psyche verstehen zu können. Du solltest in geschäftlicher Hinsicht Vorsorge treffen, da die Geschäfte sonst chaotisch laufen könnten. Schenke der stillen, freundlichen Person in deiner Umgebung Aufmerksamkeit; sie will sich dir gerne nähern, aber sie weiß nicht, wie sie dir ihre Gefühle zeigen soll.

Verkehrt herum: Einsamkeit. Erpressung. Ein heimtückischer Vorschlag. Chaos. Eifersucht.
Pik Vier verkehrt herum deutet auf eine einsame oder chaotische Periode hin. Alles wird auf den Kopf gestellt. Du wirst von einer eifersüchtigen Person bedroht, die dich mit verführerischen Worten in die Falle zu locken versucht. Nicht auf den Vorschlag eingehen, auch nicht, wenn du erpreßt wirst! Dein Liebster läßt dich abblitzen und das bereitet dir viel Kummer.

Ein Blick in die Zukunft
Pik Vier kündigt eine Zeit der Ruhe und Besinnung an, wenn sie durch die Karten, die sie umringen, positiv beeinflußt wird. Wenn Pik Acht neben Pik Acht liegt, so prophezeit sie einen empfindlichen finanziellen Verlust.

PIK FÜNF

Pik Fünf erwartet viel vom Leben.
Erwartung

Schlüsselworte
Der Wille, Erwartung, Sieg, Kaltblütigkeit, Ausdauer.

Persönlichkeit der Karte
Pik Fünf steht dem Leben voller Erwartung gegenüber. Sie ist jederzeit dazu bereit, ihre Meinung zu sagen oder zu zeigen, was sie kann. Sie ist ein Tausendsassa. Sie will stets die Erste und natürlich auch die Beste sein. Pik Fünf ist keine Verliererin; wenn sie sich etwas in den Kopf gesetzt hat, dann wird es auch geschehen. Sie bekommt was sie will. Diese Karte deutet auf eine rational eingestellte, starke und kaltblütige Persönlichkeit hin, die dich tapfer beschützt, falls dies nötig sein sollte. Laut Madame Lenormand flößt Pik Fünf neue Hoffnung ein. Wenn man wirklich weiß, was man will, wird man sein Ziel auch erreichen.
Pik Fünf wird vom Sternbild Schütze und den Planeten Jupiter und Mars beeinflußt. Diese Karte stellt meistens einen Mann dar.

Orakel
Aufrecht: Sieg. Besuch eines Arztes oder eines Geistlichen.
Pik Fünf kündigt eine Periode an, in der man zeigen muß, was man wert ist. Du solltest nicht den Mut verlieren, sondern zeigen, was du kannst! In einer bestimmten Angelegenheit erringst du einen Sieg. Du bekommt Besuch von einem Arzt oder einem Geistlichen.

Verkehrt herum: Eine Niederlage. Niedergeschlagenheit. Schwierigkeiten mit dem Personal. Meinungsverschiedenheiten.
Pik Fünf kündigt Geplänkel an und du ziehst den kürzeren. Ständiges Gezänk und Meinungsverschiedenheiten nehmen dir die Lebenslust. Doch wirst du durchhalten müssen. Versuche, den Frieden zu wahren. Gemeiner Klatsch bringt Probleme mit sich. Du bekommst Schwierigkeiten mit dem Personal.
Du fühlst dich nicht wohl in deiner Haut. Ein Arzt wird gerufen.

Ein Blick in die Zukunft
Pik Fünf macht dir Hoffnung. Betrachte die Karten, die sie umringen, um zu erfahren, woher die Überraschung stammt.

PIK SECHS

Pik Sechs besitzt psychologische Einfühlsamkeit.
Selbstbetrachtung

Schlüsselworte
Selbstbetrachtung, Ambition, Meditation, Psyche, Alter, Reife, Lebenslauf, Versöhnung, Aufrichtigkeit, Standhaftigkeit, Aufmerksamkeit, Fortschritt, Schutz, Reise auf dem Wasserweg, Rückkehr, Heilung, List, Betrug, Abwesenheit.

Persönlichkeit der Karte
Pik Sechs hat einen ernsthaften und beschaulichen Charakter, dem man meistens bei älteren Menschen mit Lebenserfahrung oder psychologischer Einfühlsamkeit begegnet. Die Karte deutet auf Selbstbetrachtung und Meditation hin. Pik Sechs ist eine aufrichtige und standhafte Karte, die auf das Leben zurückblickt. Ein Leben, das von Weisheit, Verständnis, Erfahrung und Menschenkenntnis geprägt ist. Laut Madame Lenormand personifiziert diese Karte Ambitionen, jedoch auch enttäuschte Hoffnung oder Betrug. Sie warnt vor Menschen, die dich hereinlegen wollen. Die moderne Befragung der Karten vertritt, daß jede Karte eine positive und eine negative Botschaft hat. Pik Sechs ist eine ernsthafte Karte, die von Selbstbetrachtung, Menschenkenntnis und einer erwachsenen Lebensanschauung spricht.
Pik Sechs steht unter dem Einfluß der Planeten Jupiter, Saturn und Neptun.

Orakel
Aufrecht: Rückkehr. Von einer Krankheit genesen. Eine Reise auf dem Wasserweg.
Pik Sechs prophezeit eine Zeit der Selbstbetrachtung und Meditation. Man erholt sich von einer Krankheit oder ruht sich einige Zeit aus. Ein Partner oder ein Kind kehren von einer Reise oder nach langer Abwesenheit zurück. Die Schwierigkeiten sind überstanden. Man kann wieder Pläne schmieden. Eine Angelegenheit kommt langsam aber sicher ins Rollen. Man macht Pläne für sein weiteres Leben. Man besitzt Schutz gegen Menschen, die einem feindlich gesinnt sind. Man macht eine Reise übers Wasser, die völlig ungefährlich ist.

Verkehrt herum: Beziehungsprobleme. Ein Abschied oder eine Flucht. Abwesenheit.
Man nimmt Abschied von einer bestimmten Person oder Angelegenheit. Man sieht sich getäuscht von Menschen, denen man vertraut hat. Es gibt Schwierigkeiten mit einem Partner oder Kind. Ein Streit wird beigelegt und alte Wunden werden geleckt. Du ziehst dich von einer Angelegenheit zurück, die hoffnungslos ist und zu nichts führt. Man will dir eine Falle stellen, sei vorsichtig!
Sehe den Schwierigkeiten ins Auge und flüchte nicht vor ihnen! Du solltest deine finanziellen Geschäfte sorgfältig abwickeln und dich mit anderen beraten. Vergiß nicht, die Mahnung in Ordnung zu bringen! Du ziehst dich einige Zeit zurück, um über dein Leben nachzudenken.

Ein Blick in die Zukunft

Pik Sieben verrät mehr über deinen Lebenslauf. Liegt die Karte neben Kreuz As, Herz Drei, Karo Acht oder Pik Acht, so prophezeit sie Berühmtheit. Liegt sie neben Kreuz As, so kannst du schon im zarten Alter berühmt sein, eine Pik Acht deutet jedoch darauf hin, daß deine Popularität vermutlich untergraben wird. Pik Sechs neben dem Kreuz König kann einem Mann einen plötzlichen Tod vorhersagen.

PIK SIEBEN

Pik Sieben ist voller Verlangen.
Verlangen

Schlüsselworte
Verlangen, Hoffnung, wichtige Neuigkeiten in emotionellen Angelegenheiten, Heiratsantrag.

Persönlichkeit der Karte
Pik Sieben stellt die Gedanken dar, denen man nachhängt oder die Haltung, die man dir gegenüber einnimmt. In der Liebe bist du sehr hoffnungsvoll gestimmt. Diese Karte kündigt gute Neuigkeiten in emotionellen Angelegenheiten an.
Madame Lenormand zufolge symbolisiert Pik Sieben einen Liebesbrief, der einen Heiratsantrag enthält. Die umringenden Karten verraten, woher oder von wem man Neuigkeiten erwarten kann.
Pik Sieben wird von den Planeten Venus und Merkur beeinflußt.

Orakel
Aufrecht: Hoffnung. Ein Heiratsantrag. Wichtige Briefe oder Dokumente im Hinblick auf emotionale Angelegenheiten.
Pik Sieben stellt eine junge Frau oder eine Freundin mit schwarzem Haar dar, die dir gute Neuigkeiten mitteilt. Du wirst einen Brief erhalten, der eine angenehme Einladung enthält. Eine junge Frau bekommt einen Liebesbrief mit einem Heiratsantrag. Eine Freundin wird dich verteidigen und ein gutes Wort für dich einlegen.

Verkehrt herum: Unsicherheit. Falsche Freundin. Liebeskummer. Krankheit oder Schmerzen. Sexuelle Probleme. Eine Drohung oder eine Warnung.
Pik Sieben verkehrt herum kündigt große Trauer an, da eine junge Frau untreu ist oder weil du Liebeskummer hast. Du schwebst in Ungewißheit oder hast die falschen Freunde. Eine drohende Gefahr kommt auf dich zu, du wirst jedoch gewarnt. Wer wird dich warnen? Du bekommst eine Mahnung.
Ein Mann hat mit sexuellen Problemen zu kämpfen. Es geht nicht gut mit der Gesundheit. Schmerzen sind ein Anzeichen dafür, daß der Körper leidet. Suche einen Arzt auf!

Ein Blick in die Zukunft
Pik Sieben bringt meistens gute Nachrichten, die mit Liebe und Freundschaft in Zusammenhang stehen. Durch sie erfährt man auch die Gedanken und die Haltung der Familie oder der Freunde. Mit Hilfe der Karten, die Pik Sieben umringen, erfährst du mehr hierüber.

PIK ACHT

Pik Acht leidet im stillen.
Kummer

Schlüsselworte
Das Land, die Natur, ruhiger Lebensabschnitt, Schöpfung in stiller Absonderung, Besinnung, Originalität, Künstlertum, Kummer, Aufschub.

Persönlichkeit der Karte
Pik Acht ist eine einsame, melancholische, jedoch in künstlerischer Hinsicht sehr talentierte Persönlichkeit, die versuchen muß, ihre Träume und Ideen zu verwirklichen.
Laut Madame Lenormand symbolisiert Pik Acht eine künstlerisch veranlagte und sensible Persönlichkeit, einen wehmütigen oder traurigen Lebensabschnitt oder einen einsamem Rückzug in eine ruhige und angenehme Umgebung.
Pik Acht steht unter dem Einfluß der Planeten Venus, Saturn und Neptun.

Orakel
Aufrecht: Eine ruhige und angenehme Umgebung. Die Natur.
Besinnung. Eine kreative oder künstlerisch veranlagte Persönlichkeit. Pik Acht ist eine sensible Person, die mit ihrer Lebensenergie vorsichtig umgehen muß. Ein böses oder aggressives Wort bringt sie aus der Fassung. Diese Karte bringt nur einen Teilerfolg und man muß sich sehr anstrengen, will man ein gestecktes Ziel erreichen. Man zieht sich in eine ruhige Umgebung oder in die Natur zurück, um über das Leben nachzudenken. Die Karte deutet auf eine freiwillige Absonderung hin oder auf einen Rückzug aus dem täglichen Leben.

Verkehrt herum: Tränen. Niederlage. Große Konflikte. Innerer Kampf.
Zerbrochene Ehe. Konkurs. Eine traurige Periode.
Pik Acht verkehrt herum kündigt eine schwermütige oder melancholische Periode an, in der man daran gehindert wird, seine Ideale zu verwirklichen. Dinge werden aufgeschoben, eine Unternehmung wird verzögert, eine wichtige Verabredung wird abgesagt. Man muß großen Kummer oder eine Niederlage verarbeiten. Man verliert einen guten Freund oder trauert um eine zerbrochene Ehe. Händler müssen mit großen Investitionen aufpassen, da diese einen Konkurs zur Folge haben könnten. Enttäuschung über das Zensieren einer Idee oder eines Plans. Streit, der zu lebenslänglichem Haß und Feindschaft führt.

Ein Blick in die Zukunft
Pik Acht kündigt großes Künstlertum an, dem Schmerz oder selbst gesuchte Einsamkeit zugrunde liegt. Die Bedeutungen der umringenden Karten verraten dir, wie du diese Karte am besten deuten kannst.

PIK NEUN

Pik Neun will ihre Ruhe.
Bruch

Schlüsselworte
Barmherzigkeit, Verlangen, Treue, Sicherheit, Hoffnung, Bruch, Ende einer ungewissen Situation oder einer Wahnidee.

Persönlichkeit der Karte
Pik Neun sehnt sich nach Sicherheit, nach einem Ort, an dem sie ihre intimsten Gefühle ausleben kann. Pik Neun wartet auf die Traumfrau. Diese Karte stellt eine Persönlichkeit dar, die das Kind im Inneren vor der feindlichen Außenwelt schützt. Pik Neun hat meistens eine schwere Jugend gehabt und hofft auf eine bessere Zukunft. Sie braucht Ruhe. Wenn sie enttäuscht ist, bricht sie mit der Person oder der Situation, die ihr Kummer bereitet hat und sucht Trost bei einem barmherzigen Menschen. Madame Lenormand zufolge symbolisiert diese Karte eine Periode voller Hoffnung, in der man auf der Suche nach Treue in der Liebe oder nach einem sicheren Ort ist, an den man sich zurückziehen kann, um seine Wunden zu lecken. Pik Neun kündigt auch einen Bruch oder das Ende einer unsicheren Periode an.
Pik Neun steht unter dem Einfluß der Planeten Mars, Saturn, Uranus, Neptun und Pluto.

Orakel
Aufrecht: Lebenslängliche Treue, Verlangen nach einer Ruhepause, einem "Zuhause" oder einem sicheren Ort. Hoffnung. Barmherzigkeit.
Pik Neun bewirkt, daß alles schlimmer erscheint, als es ist. Man will Sicherheit und Ruhe in emotionalen Beziehungen und hofft auf eine günstige Entwicklung. Diese Karte stellt auch eine Persönlichkeit dar, die nach mehr Intimität, Begriff und Stabilität verlangt. Eine ungewisse oder unangenehme Phase geht zu Ende. Man knüpft neue Freundschaften an und man wird dasjenige, was man sich als Ziel gesteckt hat, auch erreichen.

Verkehrt herum: Große psychische Probleme oder Streß. Verzweiflung.
Pik Neun verkehrt herum prophezeit eine unsichere Periode, in der du dich nirgendwo sicher fühlst. Nachts quälen dich Verzweiflung, Angst- oder Alpträume. Du gerätst in eine tiefe Depression oder mußt schwere psychische Probleme verarbeiten. Die Gesundheit wird von Nervosität oder von Streß untergraben.
Eine nachtragende Person wird alles daran tun, dich zu verletzen oder zu demütigen. Nimm dich im Verkehr in acht. Ein Autounfall ist jetzt schnell passiert!
Wer Sport treibt oder viel in Bewegung ist, muß aufpassen, daß er sich nichts bricht oder von der Treppe fällt. Eine Verletzung zieht große Probleme nach sich.

Ein Blick in die Zukunft

Pik Neun prophezeit einen Bruch oder du ziehst einen Schlußstrich unter eine Angelegenheit. Die umringenden Karten beleuchten die Hintergründe dieses Bruchs oder Schlußstrichs. Es könnte sein, daß dich eine Ruhepause erwartet, da du endlich weißt, was auf dich zukommt oder weil du in der Lage bist, mit Vergangenem abzurechnen. Erscheinen Pik As, Pik Zehn, Pik Drei und Karo Neun in der Kombination, so kann Pik Neun den Tod eines Familienmitglieds oder eines guten Freundes vorhersagen.

PIK ZEHN

Pik Zehn will wissen, was sie erwartet.
Enttäuschung

Schlüsselworte
Läuterung, Wissen, Auskünfte einholen, Heilung oder Genesung von einer Krankheit, lange Reise, Vermögen, Gewinn oder Erbschaft.

Persönlichkeit der Karte
Pik Zehn ist eine Karte mit hohem psychologischen Inhalt und sollte darum sorgfältig interpretiert werden. Sie ist eine ernsthafte Persönlichkeit, die tiefe, intensive Erfahrungen in ihrem Leben gemacht hat; sie kennt die Bedeutung von Kummer und Läuterung und setzt diese Erfahrungen in der Seele in Bewußtsein und Kenntnis um. Laut Madame Lenormand bedeutet Pik Zehn eine Reise oder eine Erbschaft. Liegt Pik Zehn verkehrt herum, so kündigt sich eine schwermütige Phase an, in der man enttäuscht wird. Pik Zehn wird von Jupiter, Saturn, Uranus und Pluto regiert.

Orakel
Aufrecht: Genesung, großes Vermögen oder Erbschaft, Fernreise, Hellsehen.
Pik Zehn entdeckt unsaubere Geschäfte oder will Auskünfte einholen. Du erhältst eine hübsche Geldsumme oder eine Erbschaft. Du machst eine weite, lange Reise. Geschäftsleute machen einträgliche Auslandsgeschäfte. Du wirst dich, dank der Hilfe eines guten Arztes, von einer schweren Krankheit erholen. Erwäge deine eigenen Möglichkeiten, mache Schluß mit unangenehmen Dingen und treffe in einer ernsten Angelegenheit Vorkehrungen. Pik Zehn kündigt auch eine Phase an, in der Intuition oder Hellsehen eine wichtige Rolle spielen.

Verkehrt herum: Enttäuschung, Isolation, Gefängnis, Feindschaft, große finanzielle Verluste.
Pik Zehn verkehrt herum prophezeit eine tiefe Enttäuschung. Man wird von seinem Liebsten getrennt, dies kann eine große Entfernung oder eine traurige Situation sein, an welcher der andere keine Schuld hat. Diese Karte warnt vor einem großen Fiasko, vor einem definitiven Bruch, vor Trauer, Gefangenschaft oder Isolation, Feindschaft und Operationen.
Händler und Geschäftsleute sollten vor großen finanziellen Verlusten aufpassen, die sie durch Auslandsgeschäfte erleiden könnten.

Ein Blick in die Zukunft
Pik Zehn teilt etwas über wichtige Geschäfte mit. Paß vor Verrat in der Liebe auf, wenn Karo Zehn neben Pik Zehn liegt. Eine Periode der Läuterung oder Trauer wird prophezeit, wenn Pik Zehn neben Pik As, Pik Neun, Pik Drei und Karo Neun liegt.

PIK BUBE

Pik Bube verteidigt sich bis zum Äußersten.
Verteidigung

Schlüsselworte
Mut, kämpferisch, dominant, tapfer, Verstand, rational, forschend, klug, energisch, Angriff und Verteidigung, Mahnbescheid, intime und vertraute Gesellschaft, einen Wunsch hegen.

Persönlichkeit der Karte
Pik Bube ist ein junger Mann oder ein Kind mit schwarzem Haar und dunklen Augen. Er ist eine lebhafte Persönlichkeit, die sich nicht abwartend verhält, sondern zum Angriff übergeht. Er verteidigt dasjenige, was ihm lieb ist, bis zum Äußersten.
Pik Bube glaubt in das eigene Können und versucht, die Macht an sich zu reißen. Er ist dominant und schlagfertig und läßt sich die Wurst nicht vom Brot nehmen.
Laut Madame Lenormand symbolisiert Pik Bube ein Kind, das in Schutz genommen werden muß. Man behandelt eine vertrauliche Angelegenheit. Man hegt einen Herzenswunsch und wird von einer jungen Person getröstet.
Pik Bube wird vom Sternbild Waage und den Planeten Venus, Mond und Mars beeinflußt. Diese Karte zeigt meistens einen jungen Mann.

Orakel
Aufrecht: Ein junger Mann oder ein Kind mit dunklem Haar und dunklen Augen. Eine Vertrauenssache. Juristische Ratschläge und Schutz. Polizei.
Pik Bube ist eine kluge Persönlichkeit. Er überblickt die Situation im Bruchteil einer Sekunde und tritt blitzschnell in Aktion. Er denkt rational. Darum wirkt er oft kühler und berechnender, als er in Wirklichkeit ist. Er ist meistens ein Jura- oder Medizinstudent.
Pik Bube symbolisiert auch eine Vertrauenssache. Man glaubt an das Gute und verteidigt seinen Standpunkt bis zum Äußersten. Man nimmt ein Kind in Schutz oder hat einen Herzenswunsch, denn man ist davon überzeugt, daß er in Erfüllung geht. Man bekommt Ratschläge und Unterstützung von einem Juristen oder Polizeischutz.

Verkehrt herum: Ungünstige Wendung der Situation. Das Vertrauen wird mißbraucht. Schwierigkeiten mit Justiz und Polizei.
Pik Bube verkehrt herum hat einen ungünstigen Einfluß. Er prophezeit Schwierigkeiten mit der Justiz oder der Polizei, Justizirrtümer und Machtmißbrauch. Man spioniert dir nach und man beobachtet dich. Man neidet dir deine Stellung und versucht, dich in der Öffentlichkeit lächerlich zu machen. Ein Feind läßt von sich hören und wird dich öffentlich verspotten. Überlasse nichts dem Zufall!

Ein Prozeß bereitet Sorgen. Nimm dich vor Betrug in geschäftlichen Angelegenheiten und vor Werkspionage in acht und vor jemandem, der Zwietracht zwischen Partnern sät. Hüte dich vor übertriebenen Ausgaben und Zügellosigkeit!
Du bekommst Streit mit jemandem, der eifersüchtig auf dich ist.

Ein Blick in die Zukunft

Um die Botschaft des Pik Buben gut begreifen zu können, muß man die positive oder negative Bedeutung der ihn umringenden Karten interpretieren. Liegt ein Pik in seiner Nähe, so wird man angegriffen oder beleidigt. Karos deuten eher auf vertrauliche, schriftliche Mitteilungen, Mahnungen oder Mahnbescheide hin. Kreuz bedeutet, daß alle Kräfte aufgeboten werden müssen, damit es mit bestimmten Unternehmungen klappt. Herzkarten prophezeien Leidenschaft, Lust und eine herausfordernde Haltung in der Liebe.

PIK DAME

Pik Dame setzt ihre Intuition ein.
Intuition

Schlüsselworte
Intelligenz, Intuition, Erblicken, Ernst, Einsamkeit, Dankbarkeit, Glück.

Persönlichkeit der Karte
Pik Dame ist eine Frau mit dunkelbraunem oder schwarzem Haar und dunklen oder graublauen Augen. Sie ist eine intelligente und sensible Frau, die andere Menschen dank ihrer scharfen Intuition durchschaut. Sie ist vernünftig und ernsthaft und kann zupacken. Diese Karte stellt eine unabhängige und selbständige Persönlichkeit dar, die auf ihr Privatleben Wert legt. Höre auf ihren weisen Rat! Laut Madame Lenormand symbolisiert Pik Dame ein Geschenk aus Dankbarkeit, jedoch auch Einsamkeit, Scheidung oder Trauer.
Pik Dame steht unter dem Einfluß der Planeten Mond, Jupiter und Uranus.

Orakel
Aufrecht: Eine ältere, alleinstehende, geschiedene Frau oder eine Witwe. Eine Frau mit schwarzem Haar und dunklen Augen. Intuition, Selbständigkeit, Lebenserfahrung, Dankbarkeit, Glück. Ein Geschenk.
Pik Dame ist eine vernünftige Frau, die dir in schweren Zeiten mit ihrer Weisheit, ihrem Ernst und ihrer Lebenserfahrung zur Seite steht. Sie legt sehr viel Wert auf ihre Unabhängigkeit und ihren Privatbereich und bisweilen kann man schwer an sie herankommen. Wenn du sie jedoch zu erreichen weißt, wirst du mit ewiger Freundschaft und Treue belohnt werden. Du bekommst ein Geschenk aus Dankbarkeit.
Wer im Lotto oder in einer Lotterie spielt, bekommt die Chance seines Lebens! Also mitmachen... aber nicht übertreiben!

Verkehrt herum: Eine eifersüchtige oder einsame Frau oder eine Klatschbase. Rache, Trauer oder Ehescheidung. Pik Dame verkehrt herum bedeutet im allgemeinen Unglück. Sie ist eine hochmütige, eifersüchtige Persönlichkeit, die versucht, mit Hilfe von Listen alles zu bekommen, was sie sich in den Kopf gesetzt hat. Sie ist nachtragend, empfindlich und schnell verletzt und vergißt es niemals, wenn ihr etwas angetan wurde. Wer in Prozesse verwickelt ist, tut gut daran, ein Übereinkommen zu treffen, da sonst zu hohe Prozeßkosten entstehen könnten.
Eine Reise sollte man verschieben, denn die Wahrscheinlichkeit, daß das Wetter schlecht ist oder daß man andere Unannehmlichkeiten bekommt, ist ziemlich groß. Zu Hause verderben zankende Kinder die Stimmung. Vertraue dem Urteil anderer Frauen nicht. Manche tun so, als ob sie Freundinnen wären, sie sind es jedoch nicht. Sie sind schlechte Ratgeberinnen!

Eine Periode der Trauer kündigt sich an. Du wirst dich zu einer Ehescheidung oder einer Abtreibung entschließen. Eine einsame Periode bricht an.
Pik Dame verkehrt herum kündigt herannahendes Unheil an, gegen das du dich wappnen solltest!

Ein Blick in die Zukunft
Pik Dame deutet auf eine schwere Periode hin, in der man etwas über bestimmte Geschäfte zu erfahren versucht. Die Karten um die Pik Dame herum geben Auskunft über die Ereignisse, die einen erwarten.
Ein Kreuz Bube in der Nähe prophezeit ein zügelloses Leben.

PIK KÖNIG

Pik König gibt weisen Rat.
Weisheit

Schlüsselworte
Die Weisheit, das Schicksal, der Vater, die Regierung, die Autorität, das Urteil, die Gerechtigkeit, das Gesetz, Fortschritte im Leben.

Persönlichkeit der Karte
Pik König ist ein Mann mit dunkelbraunem oder schwarzem Haar und dunklen Augen. Er hat Autorität und ein scharfes Urteilsvermögen. Er ist gerecht und weise und im Bedarfsfall leistet er Beistand. Die Karte stellt eine gelehrte Person dar, deren Regime auf Autorität beruht und die Gerechtigkeit liebt. Madame Lenormand zufolge symbolisiert Pik König den Vater.
Pik König wird von der Sonne regiert.

Orakel
Aufrecht: Die Autorität oder der Vater. Ein Mann mit dunklem Haar oder ein älterer Mann. Ein Vormund oder ein Witwer. Schutz von einem Richter, Notar oder Arzt.
Pik König personifiziert einen älteren Mann und oft auch eine Vaterfigur. Er stellt ein Vermächtnis oder eine Erbschaft in Aussicht. Du wirst von einer einflußreichen Person oder einem Juristen beschützt. Du gewinnst einen Prozeß. Eine wichtige Beförderung, die Unterstützung des Vaters oder eines älteren Mannes oder eine Erbschaft bedeuten, daß du im Leben vorankommst. Ein Arzt spielt eine wichtige Rolle in deinem Leben. Deine Feinde ziehen den kürzeren.

Verkehrt herum: Eine dominanter und eifersüchtiger Mann. Schwierigkeiten mit dem Gesetz, der Justiz oder der Gesundheit.
Pik König verkehrt herum personifiziert einen eifersüchtigen, dominanten und autoritären Mann, der jederzeit recht haben will. Er ist das Opfer seiner eigenen Phantasie. Er kann zu einem unerbittlichen Feind werden. Ein Prozeß wird verloren. Ein Geschäft geht bankrott und zieht einen Prozeß nach sich. Möglicherweise empfängst du die Todesnachricht eines wichtigen oder alten Mannes.

Ein Blick in die Zukunft
Pik König kündigt eine Periode an, in der Gerechtigkeit vorherrscht. Herz König in der Nähe bedeutet, daß ein Prozeß gewonnen wird. Pik Neun zeigt an, daß du nicht länger auf die Vorschläge oder den Rat eines Mannes mit dunklem Haar oder eines älteren Mannes eingehen solltest.
Einem verheirateten Fragesteller wird Ehestreit angekündigt, der bald vorübergeht.

Wenn du als Frau die Karten befragst, so mußt du aufpassen, wenn du regelmäßig Kontakt zu einem gutaussehenden Mann hast; du läßt dich durch den äußeren Schein blenden. Du solltest nicht seinen Worte glauben, sondern auf seine Taten achten!
Um die Gedanken des Pik Königs zu ergründen, mußt du die Botschaft der ihn umringenden Karten hinzuziehen.

PIK AS

Pik As denkt, Gott lenkt
Vollendung

Schlüsselworte
Die Gedanken des Fragestellers oder des Partners, das Karma, das Denken, die Ausdauer, Vollendung, Stabilität, Standhaftigkeit, Besitz, Leidenschaft.

Persönlichkeit der Karte
Pik As ist "The Force" im "Krieg der Sterne". Sie ist eine sehr kräftige Karte, welche die Geheimnisse von Leben und Tod durchschneidet wie messerscharfer Stahl. Pik As berührt dich oder schleudert dich mit großer Kraft zu Boden. Aus diesem Grunde stellt diese Karte eine leidenschaftliche und kräftige Persönlichkeit dar, die ihre Mitmenschen blitzschnell durchschaut.
Laut Madame Lenormand steht Pik As für die Gedanken und die Zukunft des Fragestellers oder des weiblichen Partners.
Pik As wird vom Sternbild Stier und den Planeten Venus und Mars beeinflußt. Diese Karte zeigt meistens eine Frau.

Orakel
Aufrecht: Die Gedanken des Fragestellers oder des Partners. Eine leidenschaftliche Romanze. Erleichterung, weil eine bestimmte Situation zu Ende geht.
Pik As ist eine standhafte Persönlichkeit, auch in schwierigen Umständen. Ein geschäftliches Abkommen wird getroffen oder man hat geschäftlichen Erfolg. Man kann einen interessanten Vertrag abschließen, der in der Zukunft besonders lukrativ sein wird. Diese Karte deutet auch auf ein erspartes oder verdientes Kapital hin.
Viel Erfolg in einer Liebe, die sich zu einer leidenschaftlichen Beziehung entwickelt. Eine unangenehme oder einsame Periode geht zu Ende und es steht ein fruchtbarer Neubeginn bevor. Eine Frau erlebt eine sehr fruchtbare Periode und kann möglicherweise schwanger werden.

Verkehrt herum: Eine Frau mit schwarzem Haar oder eine ältere Frau. Eine geschiedene oder alleinstehende Frau. Eine Witwe. Eine geheime oder verbotene Liebe.
Pik As verkehrt herum deutet auf eine überwältigende oder vernichtende Kraft hin. Du gerätst in Zorn oder nimmst eine feindliche Haltung gegenüber dem Leben oder deiner Umgebung an. Hitzige Diskussionen kündigen sich an. Nimm dich vor Verrat in acht.
Du gerätst in einen melancholischen oder depressiven Lebensabschnitt. Du erhältst schlechte Nachrichten. Verhandlungen werden beendet. Es droht ein Prozeß. Du wirst von jemandem im Stich gelassen, auf den du alle Hoffnung im Hinblick auf ein besseres oder liebevolleres Leben gesetzt hattest. Eine verzehrende Leidenschaft oder eine geheime und verbotene Romanze wird dich zugrunde richten. Du bist gewarnt!

Ein Blick in die Zukunft

Pik As prophezeit eine energische und fruchtbare Periode im Leben. Betrachte die Karten, die Pik As umringen. Haben sie eine positive Botschaft, so wird Pik As ihren günstigen Einfluß verstärken; haben sie eine negative Botschaft, so wird Pik As ihre Negativität steigern. So kann Pik As eine glückliche Ehe, ein ziemlich großes Vermögen, eine glückliche Zukunft oder einen schnellen Aufstieg ankündigen, wenn die Karten ringsum eine besondere und günstige Botschaft haben. Haben sie jedoch eine negative Botschaft, so gerätst du in eine unangenehme und elende Lebensphase und mußt dich vor Scheidung, Konkurs, Verzweiflung oder einem gebrochenen Versprechen in acht nehmen.

Pik As prophezeit einer Frau einen Heiratsantrag. Liegt Karo Sieben neben Pik As, so kündigt sich eine Schwangerschaft an.

Liegt Pik As neben Karo Neun, Pik Zehn, Pik Neun und Pik Drei, so kann der Tod eines Menschen prophezeit werden. Untersuche die Botschaft der umringenden Karten; vielleicht kündigen sie an, daß die Dinge gut ablaufen.

Methoden des Kartenlegens

Die Wahrsagekunst mit Spielkarten

Madame Lenormand, Etteilla und Papus waren berühmt für ihre Prophezeiungen mit Spielkarten und Tarot. Beim Kartenlegen glichen sie wahren Zauberkünstlern. Diesen Eindruck konnten sie erwecken, weil sie die Bedeutung der Karten durch und durch kannten und dank ihrer Intuition waren sie in der Lage, dem Fragesteller die Botschaft der befragten Karten zu übermitteln.
Die Bedeutung der Spielkarten kann man sich wie eine Art Alphabet vorstellen, das man auswendig lernen muß. Die verschiedenen Methoden des Kartenlegens sind der Kode oder die Sprache, die man benutzt, um die geheimen Zeichen des Jetzt, der Vergangenheit und der Zukunft zu entschlüsseln.
In der Wahrsagekunst läuft die Intuition wie ein roter Faden durch diese Kenntnis. Jeder Mensch verfügt zwar über ein gewisses Maß an Intuition, doch nicht jeder setzt sie ein. Falls du bemerkst, daß du intuitiv veranlagt bist, solltest du diese Gabe entwickeln. In der Sprache des Kartenlegens bedeutet dies, daß du stets aufmerksam sein und viel üben mußt. Zunächst mußt du mit dir selbst üben und deine Erfahrungen aufschreiben. Erst dann (dies kann manchmal Jahre von Übung kosten) kannst du jemand die Karten legen.
Im Grunde ist jeder in der Lage, die Karten zu befragen, der eine ist jedoch talentierter und erwirbt mehr Kenntnis als der andere. Auch Lebenserfahrung und psychologisches Feingefühl spielen eine wichtige Rolle. Es genügt nicht, daß man die Bedeutung der Karten auswendig lernt. Die hohe Kunst des Wahrsagens mit Hilfe von Spielkarten muß auf der Liebe zu seinen Mitmenschen und auf Lebenserfahrung basieren. Nur dann kannst du die Botschaft der Karten wirklich begreifen und sie dir selbst oder einem anderen verständlich machen.
Dieses Buch behandelt eine große Anzahl an Möglichkeiten; du lernst die Bedeutung jeder Spielkarte kennen und du lernst, wie du mit den Karten umgehen mußt, damit du ihre Botschaft entschlüsseln kannst. Du wirst entdecken, daß manche Karten eine besondere Bedeutung für dich bekommen, da sie regelmäßig zurückkehren. Dies bedeutet entweder, daß du die Eigenschaften dieser Karten noch nicht gut verarbeitet hast oder daß du stets wieder mit der gleichen Problematik konfrontiert wirst oder daß sie ganz einfach zu dir gehören - in diesem Fall illustrieren sie deinen Charakter, deine Möglichkeiten und dein Karma.

Wie verfährst du?

Wenn du die Bedeutung jeder Spielkarte gründlich kennengelernt hast, beginnst du mit den verschiedenen Methoden des Kartenlegens. Du kannst ein normales Kartenspiel von 52 Spielkarten verwenden oder du stellst einen Stoß zu 32 oder 36 Blatt

zusammen: die vier Asse, Könige, Damen, Buben, Zehnen, Neunen, Achten, Siebenen und die vier Zweien ergeben 36 Karten. Madame Lenormand benutzte am liebsten dieses Blatt. Mit Hilfe der höchsten Karten dieses Spiels zu 32 oder 36 Blatt kannst du die Botschaft der Karten präziser formulieren.
Konzentriere dich auf die Frage und achte darauf, daß du nicht zwei Fragen zugleich stellst! Dies könnte nämlich Verwirrung im Hinblick auf die Antwort zur Folge haben. Die Karten werden sorgfältig gemischt und mit der linken Hand abgehoben, wenn man Rechtshänder ist. Wer linkshändig ist, hebt die Karten mit der rechten Hand ab. Warum? Auf diese Weise kann die Lebenskraft durch deinen Körper und Geist fließen kann und so eine gute Kommunikation zwischen der linken- und rechten Gehirnhälfte herstellen.
Genauso verfährst du, wenn du jemand anderem die Karten legst. Auch der andere muß die Karten mit der linken Hand abheben, wenn er Rechtshänder ist. Lege die Anzahl der Karten, welche die Methode, die du anwenden willst, vorschreibt, verdeckt auf dem Tisch aus. Decke die Karten auf, wenn die benötigte Anzahl auf dem Tisch liegt.

Die persönliche Karte

Als erstes bestimmst du, welche Hofkarte zu dir gehört und ob diese dich oder den Fragesteller darstellen soll. Diese Karte nennen wir die persönliche Karte. Herz As und Pik As spielen hier eine wichtige Rolle. Herz As steht für die Angelegenheiten oder Gefühle des Fragestellers oder des männlichen Partners. Pik As repräsentiert die Angelegenheiten oder Gedanken des Fragestellers oder des weiblichen Partners. Du kannst den Schlüsselworten entnehmen, welche Karte deine persönliche Karte oder die des Fragestellers ist.
Ein Einsteiger tut gut daran, mit den einfachen Methoden zu beginnen und den Schwierigkeitsgrad mit der Zeit zu steigern.

Die vier Farben des Kartenspiels

Die vier "Farben" der Spielkarten lauten Herz, Kreuz, Karo und Pik. Ihre Interpretation ist von großer Wichtigkeit, wenn eine "Farbe" in der Auslage dominiert. Überwiegen Karo- und Herzkarten, so wird dir prophezeit, daß eine bestimmte Situation gut abläuft. Kreuz- und Pik Karten deuten auf großen Widerstand hin. Allerdings muß an dieser Stelle bemerkt werden, daß anderen Traditionen zufolge Herz- und Kreuzkarten einen guten Ruf haben und Karo- und Pikkarten negativ beurteilt werden. Versuche intuitiv zu erfassen, mit welcher Methode du am besten zurechtkommst.

Die Bedeutung der vier Farben

Nachfolgend gehen wir näher auf die Bedeutung der vier Farben (Herz, Kreuz, Karo und Pik) des Kartenspiels ein.

Herz: Gefühle, Freundschaft, Liebe

Schlüsselworte
Gefühle, emotionale Probleme, Freundschaft, Liebe, Glück, Zufriedenheit, Fortschritt, Enttäuschung, Romantik, Genesung, Luftschlösser, Unterricht, Konversation, Verwandte, Geschenke, Geburt, Liebesbriefe, Liebes- und Eheangelegenheiten, Romanzen, häusliche Atmosphäre, emotionale Beziehungen zwischen Partnern, Verwandte, Freunde, Kinder. Herz steht für sensible und introvertierte Menschen, die ihren Mitmenschen gerne helfen. Überwiegen die Herzkarten, so kann man mit viel Glück und Erfolg rechnen!

Kreuz: Bewegung, Unternehmen, Energie

Schlüsselworte
Schöpfung, Landwirtschaft, Unternehmen, Verwandte, Freunde, Bekannte, Reisen, Taten, Willenskraft, Zielstrebigkeit, Aktivität, Begeisterung, Besorgtheit, Einladungen, Herausforderungen, Briefe, finanzielle Vereinbarungen, Verhandlungen, Investitionen. Kampf in Form von Konkurrenz und Widerstand, was eine bestimmte Unternehmung anbelangt. Kreuz personifiziert tatkräftige und zielstrebige Menschen, die sich voller Begeisterung an die Arbeit machen. Kreuz tritt auf bei Wissenschaftlern, Händlern, Reiseleitern, Briefträgern, Vertretern, Piloten und des hohen intuitiven Gehaltes wegen auch bei paranormal begabten Menschen. Falls viele Kreuzkarten aufgedeckt werden, so deutet dies auf erfolgreiche Geschäfte und Unternehmungen hin.

Karo: Kommunikation, Arbeit, Besitz

Schlüsselworte
Entwicklung, Geld, Handel, Kollegen, Ausländer, Ausland, Ehrgeiz, Berufsleben, Laufbahn, Aufstieg, eine praktische oder wirtschaftliche Einstellung, Studium, Arbeit; verschiedene Formen von Kommunikation, wie Schreiben, Malen, Schauspielern, Journalismus, Fernsprechwesen und offizielle Briefe, Aufträge, juristische Dokumente, Eigentümer, Besitz und Umzüge. Karo finden wir bei intelligenten, studierenden oder hart arbeitenden Menschen. Karo tritt auf bei Studenten, Geschäftsleuten, Magnaten, Industriellen, Maklern, Bankdirektoren, Beamten, Vermittlern, Priestern und Päpsten. Eine Häufung von Karokarten kündigt finanziellen Gewinn und allgemeinen Erfolg an.

Pik: Gedanken, Leidenschaft, Karma

Schlüsselworte
Transformation, Haß, Kampf, Feindschaft, Urteil, Gerechtigkeit, Autorität, Gesetz, Leben und Tod, schwierige Umstände, glücklose Angelegenheiten, Intrigen, Gefangenschaft, Krankheit, Verzweiflung, Konflikte, Sorgen, Spannungen, Prozesse, Zensur.

Pik findet man bei ernsten oder älteren Menschen, die ein Urteil fällen müssen, Macht ausüben oder viel Lebenserfahrung haben. Sie sind oft Ärzte, Richter, Rechtsanwälte, Notare, Gefängnisdirektoren, Chefärzte, höhere Polizeibeamte und Menschen, die im Bereich der Obrigkeit, des Gesetzes oder der Behörden arbeiten. Wenn Pik dominiert, so weist dies auf Probleme mit dem Gericht, den Behörden oder der Gesundheit hin oder auf Probleme, die auf Konflikten, einem Unglück oder auf allgemeinem Scheitern beruhen.

Die Sprache der Farben der Spielkarten

Das Wahrsagen mit Farben

Die meisten Menschen können mit Spielkarten wenig anfangen, da sie ihre Botschaft zu abstrakt finden. Sie finden weder die Bilder noch die Farben besonders inspirierend. Doch kann die Farbe der Spielkarten die Intuition bei der Deutung stimulieren. Immer mehr Menschen beschäftigen sich mit dem psychologischen Einfluß von Farben und setzen diese dankbar ein, um ihre Persönlichkeit zu unterstreichen oder um ihre Umgebung zu beeinflussen. Farben sind eine Art Sprache oder ein Kode zum Entziffern von Sympathie und Antipathie. Sie verraten viel über die psychische Verfassung eines Menschen sowie über seine Vorlieben und Abneigungen im Hinblick auf bestimmte Personen oder Situationen. Hellseher können mit Hilfe der Farben in der Aura eines Menschen seine psychologische Verfassung und sein Bewußtseinsniveau wahrnehmen.
Verwechsle die Farbsymbolik der Spielkarten nicht mit den vier "Farben" der Spielkarten! Die "Farben" Herz, Kreuz, Karo und Pik sind Bezeichnungen der Spielkartenklasse!

Was die Spielkarten anbelangt, so erkennen wir sofort, daß die Farben Rot und Schwarz eine sehr wichtige Rolle spielen. Rot steht für den Körper, die Jugend und das Leben. Schwarz für die Reinkarnation, das Alter und den Tod. Ferner gilt, daß die "Farben" Herz und Kreuz die Begeisterung der Jugend symbolisieren und die "Farben" Karo und Pik den erfahrenen, erwachsenen Menschen, dessen Urteil besonnener ist.
Das Rot der Karokarten und das Schwarz der Pikkarten stehen für den erwachsenen und erfahrenen Menschen, das Rot der Herzkarten und das Schwarz der Kreuzkarten hingegen für den jungen und naiven Menschen.

Weiß: Weiß ist im Grunde keine Farbe. Weiß ist die Addition aller Farben des Spektrums im weißen Licht, der göttlichen Substanz. Das Prisma teilt das weiße Licht in drei Hauptfarben ein: Rot, Blau und Gelb, die dem Körper, der Seele und dem Geist entsprechen.
Die Sekundärfarben wie Violett, Grün und Orange stimmen jeweils mit der Versöhnung von Seele und Körper, der Fruchtbarkeit und dem Leben und der Begeisterung überein.

Schwarz: Schwarz ist ebenfalls keine Farbe. Diese "Farbe" setzt sich aus der Addition der materiellen Elemente der Spektralfarben zusammen. Schwarz symbolisiert das Alter, die Materie und den Tod.

Grau: Grau ist eine Dämmerfarbe, eine Mischung von Weiß und Schwarz. Diese Farbe deutet auf Unschlüssigkeit und Depressionen hin.

Rot: Rot symbolisiert den Körper, die Energie und die Lebenskraft des Menschen. Rot ist die Farbe der Liebe, des Blutvergießens im Kampf, der Triebe und der Sexualität.

Blau: Blau ist die Farbe der Seele, der Empfänglichkeit und der Sensibilität.

Gelb: Gelb symbolisiert den Geist, die Intuition und den Witz.

Violett: Violett, in dem Rot überwiegt, ist der Versöhner zwischen Rot (Körper) und Blau (Seele) und symbolisiert die Fähigkeit, Unterschiede zu machen sowie die Mystik.

Grün: Grün ist die Farbe der Natur und der Fruchtbarkeit und steht für Frieden und Sicherheit.

Orange: Orange ist eine Mischung aus Rot, das für Egoismus und Leidenschaft steht, und Gelb, welches das heilige Feuer und die Toleranz symbolisiert.

Indigo: Indigo, in dem Blau überwiegt, symbolisiert den Übergang von Blau zu Violett oder symbolisiert den spirituellen Menschen, der durch Kenntnis, Erfahrung, Intuition und Meditation ein höheres Bewußtsein erlangt.

Braun: Braun deutet auf Konzentration und Konkretisieren hin und gehört meistens zum traditionell eingestellten Menschen.

Rosa: Rosa, eine Mischung von Weiß und Rot, gibt Liebe.

Gold: Gold ist ein Edelmetall. Diese Farbe symbolisiert die Schätze des Geistes und das Streben des Menschen nach Perfektion und Bewußtsein.

Silber: Silber ist ebenfalls ein Edelmetall. Es symbolisiert die Schätze der Seele und ist dem Unbewußten, dem Traum und dem Hellsehen zugeordnet.

Anhand dieser Übersicht über die Farbsymbolik kannst du selbst mit der Interpretation der Farben der Spielkarten beginnen und sie kann dir als Leitfaden beim Wahrsagen dienen.

Die astrologische Bedeutung der Spielkarten: Die klassische Methode, die Zeit mit Hilfe von Spielkarten zu deuten

Die vier Farben

Der Astrologie begegnet man auch in den Spielkarten. Astrologie beschäftigt sich mit der Zeit. Das Kartenlegen beinhaltet vor allem die Arbeit mit der Intuition. In der übernatürlichen Welt gibt es keine Zeit. Astrologie und der Begriff Zeit sowie Kartenlegen und der Begriff Intuition können miteinander verknüpft werden, um so einen Zeitpunkt zu ermitteln, an dem bestimmte Dinge im Leben eines Fragestellers Veränderungen unterworfen sind.

Die vier Farben der Spielkarten (Kreuz, Herz, Pik und Karo) stimmen mit den vier Jahreszeiten und den vier Elementen der Astrologie überein.

Spielkarte:	*Jahreszeit:*	*astrologisches Element:*
Kreuz	Frühling	Feuer
Herz	Sommer	Wasser
Pik	Herbst	Luft
Karo	Winter	Erde

Die Hofkarten

Die drei Hofkarten haben eine spezielle astrologische Bedeutung.
Der *König* steht für den ersten Monat der Jahreszeit, die seiner Farbe zugeordnet ist. Er stellt das aktive Prinzip der Jahreszeit und der Fruchtbarkeit dar.
Die *Dame* symbolisiert den zweiten Monat der Jahreszeit, die ihrer Farbe zugeordnet ist. Sie stellt das passive Prinzip der Jahreszeit dar, das Aufrechterhalten oder das Bewahren.
Der *Bube* symbolisiert den dritten Monat der Jahreszeit, die seiner Farbe zugeordnet ist. Er stellt die Verwirklichung dar und bringt Gleichgewicht. Der Bube stellt zugleich den Wechsel von einer Jahreszeit zur nächsten dar.

Die vier Jahreszeiten

Jeder Jahreszeit ist eine Spielkartenfarbe und ein astrologisches Element zugeordnet, das eine bestimmte Eigenschaft hat. Die Hofkarten der vier Farben entsprechen jeweils einem astrologischen Tierkreiszeichen.

		König	Widder	
Kreuz	*Frühling*	Dame	Stier	*Wachstum*
		Bube	Zwillinge	
		König	Krebs	
Herz	*Sommer*	Dame	Löwe	*Gefühl*
		Bube	Jungfrau	
		König	Waage	
Pik	*Herbst*	Dame	Skorpion	*Denken*
		Bube	Schütze	
		König	Steinbock	
Karo	*Winter*	Dame	Wassermann	*Besitz*
		Bube	Fische	

Wer an die Arbeit mit der Astrologie gewöhnt ist, kann darum am besten eine der drei Hofkarten benutzen, die mit seinem Sternzeichen übereinstimmt. Du kannst bei der Deutung auch mit der astrologischen Bedeutung der Hofkarten arbeiten. In ihnen kannst du deinen Partner, deine Kinder, deine Verwandte oder Freunde erkennen. Die Karten, die sie umringen, geben mehr Aufschluß über den Charakter und die Persönlichkeit der Person, die du kennst.

Die Zeitbestimmung mit Hilfe der Karten

Wenn du erfahren willst, wann bestimmte Ereignisse stattfinden werden, so mußt du dir die Asse, die Fünfen und die Zehnen anschauen. Die Asse stehen für den Anfang der Jahreszeiten, jedes entspricht einem astrologischen Element oder Sternzeichen. Die Fünfen stehen für die Mitte der Jahreszeit und die Zehnen für das Ende der Jahreszeit, jede Karte entspricht einem astrologischen Element oder Sternbild. Gesetzt den Fall, du legst bei einer Befragung die Herz Fünf aus, so bedeutet dies, daß ein bestimmtes Ereignis im Monat des Löwen stattfinden wird. Die Art dieses Ereignisses kannst du den Spielkarten entnehmen, welche die Herz Fünf umringen.

Kreuz As:	Frühlingsanfang
Herz As:	Sommeranfang
Pik As:	Herbstanfang
Karo As:	Winteranfang

Eine in den Spielkarten enthaltene Zeitbestimmung ist sehr schwer zu deuten, sie ist vor allem von der Intuition und den hellseherischen Gaben des Fragestellers abhängig. Der Begriff "Zeit" ist eine Erfindung des Menschen, die

Ordnung im materiellen Leben schaffen soll und als Kommunikationsmittel dient. In der Welt des Ungesehenen gibt es keine Zeit.

Die Interpretation des Lebenslaufes des Fragestellers mit Hilfe der astrologischen Deutung nach Madame Lenormand

Bei der Interpretation des Lebenslaufes des Fragestellers konnte Madame Lenormand das Alter oder die Lebensphase feststellen, in der bestimmte Ereignisse stattfanden.

- Der klassischen Tradition zufolge beginnt die Entwicklung zum Erwachsensein im fünfzehnten Lebensjahr. Angenommen, ein Fragesteller, der 25 ist, will wissen, wie alt er ist, wenn ein bestimmtes Ereignis stattfindet und er zieht die Karte Herz Dame, so kann er mit diesem Ereignis rechnen, wenn er etwa 40 bis 45 Jahre alt ist. Herz Dame entspricht dem astrologischen Tierkreiszeichen Jungfrau.
- Jede Periode von fünf Jahren entspricht einem der 12 Tierkreiszeichen.
- Das Mondjahr, von dem in der klassischen Astrologie ausgegangen wird, entspricht 360 Tagen. Diese 360 Tage sind in 12 Perioden unterteilt. Gesetzt den Fall, daß in der Auslage eines Fragestellers Pik As vorkommt, so wird ein bestimmtes Ereignis innerhalb von 60 Tagen stattfinden. Pik As entspricht dem astrologischen Zeichen Stier und einer Periode von 60 Tagen.

Bei der Methode nach Madame Lenormand entspricht jede Periode des Lebens, von der Entwicklung zum Erwachsenen bis hin zum Greis, einem astrologischen Tierkreiszeichen und einer Spielkarte, die jedoch eine andere Bedeutung hat als jene, welche die klassische Methode zur Deutung der Zeit mit Spielkarten ihr beimißt. Diese Arbeitsweise ist anders und du mußt eine Wahl zwischen den zwei Möglichkeiten treffen.

Die zwölf astrologischen Perioden

Tierkreiszeichen:		*Spielkarte:*	*Periode in Jahren:*	*Periode in Tagen:*
1.	Widder	Herz Bube	15-20	30
2.	Stier	Pik As	20-25	60
3.	Zwillinge	Karo Drei	25-30	90
4.	Krebs	Kreuz Neun	30-35	120
5.	Löwe	Herz Neun	35-40	150
6.	Jungfrau	Herz Dame	40-45	180
7.	Waage	Pik Bube	45-50	210
8.	Skorpion	Karo Fünf	50-55	240
9.	Schütze	Pik Fünf	55-60	270
10.	Steinbock	Kreuz Sieben	60-65	300
11.	Wassermann	Karo Acht	65-70	330
12.	Fische	Herz Vier	70-75	360

Beispiel (für ein Kartenspiel zu 52 Blatt)

Bei dieser Methode verwenden wir die 12 Lebensperioden. Die Widder-Periode gehört zur Zahl 1, die Stier-Periode zur 2 usw. Mische die Karten, hebe sie mit der linken Hand ab und ziehe 12 Karten. Du legst für jede astrologische Periode eine Karte aus, die du sorgfältig deuten mußt.
Angenommen, daß Kreuz Sieben auf der Position der dritten astrologischen Periode, Zwillinge, liegt, so besagt dies, daß der Fragesteller im Alter zwischen 25 und 30 Jahren eine Phase erleben wird, in der er beliebt ist oder sehr wahrscheinlich für ein Kind oder einen Jugendlichen sorgen wird.

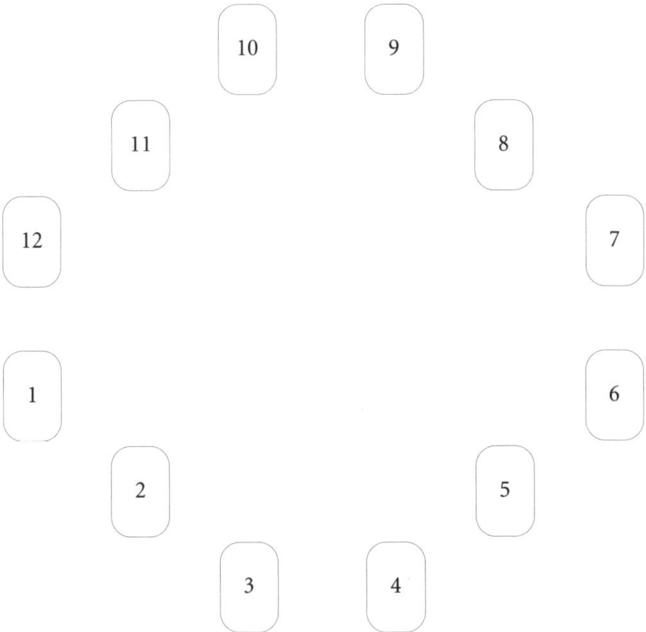

Die Schlüsselworte

Die nachstehenden Schlüsselworte ermöglichen eine einfache und direkte Deutung der Spielkarten.

Herz: Gefühle, Freundschaft, Liebe

Herz As: Geborgenheit, Glück, die häusliche Atmosphäre, die Gefühle des Fragestellers oder des männlichen Partners

Herz König: Verantwortung, Glück im häuslichen Bereich, der Vater oder der Ehemann, ein blonder Fragesteller, Beschützer oder Geschäftsmann

Herz Dame: Zuneigung, Veränderung der Lebensumstände, Umzug, die Mutter oder die Ehefrau, ein blonder Fragesteller oder eine sensible, besorgte Freundin

Herz Bube: Liebe, eine Romanze, ein blonder oder hingebungsvoller junger Mann, ein blondes Kind oder ein Liebhaber des männlichen Geschlechts

Herz Zehn: Eintracht, die Ehe und das Familienleben, eine junge Dame

Herz Neun: Wohlbefinden, ein Wunsch, ein guter Ausgang

Herz Acht: Freude, ein Fest, Glück in der Liebe und in der Gesellschaft, die Gefühle einer Schwester

Herz Sieben: Gesundheit, Fruchtbarkeit, ein blondes Mädchen, eine junge Frau oder Freundin

Herz Sechs: Geburt, Romantik, Beliebtheit in der Gesellschaft

Herz Fünf: Vorsicht, eine geheime Unterredung, vertrauliche Beratung

Herz Vier: Besinnung, eine romantische Einladung, ein verführerischer Vorschlag

Herz Drei: Inspiration, kreative Ideen, Talent

Herz Zwei: der Fragesteller, die Entwicklung in der nahen Zukunft

Kreuz: Bewegung, Unternehmung, Energie

Kreuz As: Energie, Kraft, Glück, Vereinigung, Erfolg in einer Angelegenheit

Kreuz König: Bestreben, Beruf, ein Fragesteller mit braunem Haar oder ein unternehmungslustiger, loyaler Freund oder Ehemann

Kreuz Dame: Anziehungskraft, Gesellschaft, soziales Leben, ein Fragesteller oder eine unternehmungslustige Freundin mit braunem Haar

Kreuz Bube: Hingabe, Verwandter, ein Bruder oder junger Freund mit braunem Haar

Kreuz Zehn: Erfolg, Hilfe einer Mutterfigur, Fortschritt, Glück auf Reisen, Ursache und Wirkung in der Vergangenheit und Zukunft

Kreuz Neun: Dankbarkeit, Überraschung, Geschenk

Kreuz Acht: Bewegung, Glück und Pech hinsichtlich Unternehmungen.

Kreuz Sieben: Beliebtheit, Dienstbarkeit, Einkünfte und Ausgaben, Berichte, ein Mädchen, eine junge Frau oder Kollegin mit braunem Haar

Kreuz Sechs: Hoffnung auf bessere Zeiten, eine bestimmte Periode geht zu Ende

Kreuz Fünf: Vertrauen, Unterredung, Beratung, Besuch

Kreuz Vier: eine Wahl treffen oder eine Einladung zu einem wichtigen Ereignis

Kreuz Drei: Entdeckung, Überraschung

Kreuz Zwei: Behagen, Belohnung, jemand, der dich um Rat fragt

Karo: Kommunikation, Arbeit, Besitz

Karo As:	Optimismus, Neuigkeiten, Briefe, Dokumente, Verträge
Karo König:	Gunst, Einladung, Auslandsgeschäfte, ein Ausländer, ein ehrgeiziger oder blonder Mann
Karo Dame:	Zeit, Wendepunkt im Leben, Intrige, eine Ausländerin, eine ehrgeizige oder blonde Frau
Karo Bube:	Transformation, Bericht aus dem Ausland, ein junger Ausländer, ein ehrgeiziger oder blonder junger Mann, Soldat, Hausangestellter
Karo Zehn:	Geld, Studium, Reisepapiere, Ausflug
Karo Neun:	Erfolg, finanzielle Neuigkeiten, eine Situation geht zu Ende
Karo Acht:	Arbeit, Lösung, Stellenwechsel
Karo Sieben:	Überraschung, unvorhergesehene Umstände, der Zufall, eine neue Unternehmung, eine junge, blonde Frau oder (junge) Ausländerin
Karo Sechs:	Wahrheit, Hoffnung, Gleichgewicht
Karo Fünf:	launisches Schicksal, Sorglosigkeit, Gewinn und Verlust
Karo Vier:	Verwirklichung, Zusammenarbeit, finanzielle Hilfe
Karo Drei:	Selbständigkeit, eine geschäftliche Versammlung
Karo Zwei:	Verhandlung, Kommunikation, die Gefühle des Liebsten

Pik: Gedanken, Selbstbetrachtung, Karma

Pik As:	Vollendung, Leidenschaft, die Gedanken des Fragestellers, einer Freundin oder einer Partnerin mit schwarzem Haar, das Karma
Pik König:	Weisheit, Hilfe, Aufstieg, der ältere Vater oder Schwiegervater, ein Mann mit dunklem Haar oder ein Beamter, ein älterer oder erfahrener Partner oder Ehemann
Pik Dame:	Intuition, Einsamkeit, ein Geschenk, eine ältere Frau oder Witwe mit schwarzem Haar, die ältere Mutter oder Schwiegermutter
Pik Bube:	Verteidigung, Gesellschaft, ein kleiner Junge oder junger Mann mit schwarzem Haar, ein Rechtsanwalt oder Polizist
Pik Zehn:	Enttäuschung, eine Erbschaft oder eine weite Reise
Pik Neun:	Bruch, Heimweh, Verlangen nach treuer Liebe oder einem sicheren Ruheort, der Handel
Pik Acht:	Kummer, Kreativität, die Gesellschaft, in der man verkehrt
Pik Sieben:	Verlangen, Heiratsantrag, Neuigkeiten über emotionale Angelegenheiten, eine junge Frau mit schwarzem Haar
Pik Sechs:	Selbstbetrachtung, psychologisches Feingefühl, der Lebenslauf
Pik Fünf:	Erwartung, Hindernis
Pik Vier:	Verschlossenheit, Mäßigung, Eifersucht, der Traum
Pik Drei:	Prüfung, Krankheit
Pik Zwei:	Geheimnis, Gedanken, ein Postpaket

Der numerologische Wert der Spielkarten

Die Wissenschaft der Zahlen

Pythagoras, der große griechische Philosoph, war felsenfest davon überzeugt, daß die Evolution das Gesetz des Leben sei, die Zahl das Gesetz des Universums und die Einheit das Gesetz Gottes. Er fügte hinzu, daß man einen Unterschied zwischen Ziffern und Zahlen machen müsse: Ziffern stellen eine Menge dar und wirken in der materiellen Welt, Zahlen hingegen entwickeln bestimmte Eigenschaften in der geistigen Welt.

Die "Wissenschaft der Zahlen" des Pythagoras basiert auf der Kabbala, die wiederum aus einer jüdischen Geheimlehre hervorgegangen ist.

Papus, der französische Okkultist, wandte diese Wissenschaft der Zahlen auf das Tarot und das Kartenlegen mit Spielkarten an. Er begann, das Wesen der vier Farben des Kartenspiels zu analysieren.

- Kreuz versinnbildlicht das männliche oder aktive Prinzip oder die Bewußtwerdung des Stofflichen.
- Herz symbolisiert das weibliche oder passive Prinzip oder das Mysterium des Unbewußten.
- Pik vereinigt beide Prinzipien und symbolisiert die Bewußtwerdung des Geistes des tieferen Bewußtseins oder des Instinktiven, das Streben in der stofflichen Welt nach dem höheren Bewußtsein oder dem Intuitiven, das Arbeiten im Geist.
- Karo stellt den Übergang von der Welt der Natur oder der manifestierten Welt zur übernatürlichen oder transzendenten Welt dar.

Der numerologische Wert der Spielkarten

Jede Zahl symbolisiert eine Entwicklungsphase. Die einzelnen Zahlen repräsentieren eine Lebenserfahrung, die man gewonnen haben muß, bevor man die nächste machen kann. Die Lebenserfahrungen aller Zahlen zusammen symbolisieren die Kenntnis und die Erfahrung des Menschen in seinem Heranwachsen zu göttlichem Bewußtsein.

König: stimmt mit der Zahl 1 überein; stellt die Einheit dar, das aktive oder männliche Prinzip, Bewußtwerdung des Geistes in der materiellen Welt

Dame: stimmt mit der Zahl 2 überein; stellt die Dualität dar, das passive oder weibliche Prinzip, Erfahrung des Geistes in der Welt des Unbewußten, des Traums, der Visionen

Bube: stimmt mit der Zahl 3 überein; stellt die Fruchtbarkeit dar, die Entwicklung des aktiven und passiven Prinzips, das Kind, das Wachstum des Verständnisses der menschlichen Natur, der Bube ist der Übergang der drei Hofkarten zu den Zahlen 10 bis 1 oder As

10:	Die Vervollkommnung der Einsicht oder das Übersteigen des Selbst, zum Erreichen einer höheren Bewußtseinsform, aus dem Nichts (0) ein neues Leben (1) erschaffen; die Zehn ist der Übergang von der einen Farbe des Kartenspiels zur anderen, zum Beispiel von Herz zu Kreuz
9:	Erfahrung der Gesamtheit der Lebenserfahrungen aus den vorhergehenden Zahlen
8:	die Geisteskraft, Nachdenken über Leben und Tod, Karma und Reinkarnation
7:	Mentale Entwicklung oder Fortschritt mittels Kampf
6:	Gleichgewicht durch Liebe und Harmonie
5:	Das Bewußtsein gerät in Bewegung, Entwicklung des Gewissens oder des Nachdenkens über Gefühle, Gedanken und Handlungen
4:	Arbeiten an der Form; Vier symbolisiert den Übergang von drei Prinzipien - (1) des Bewußtseins und der Willenskraft, (2) des Unbewußten und der Gefühle und (3) des Wachstums und der Entwicklung - zum Verständnis aller Dinge, zur Botschaft der anderen Zahlen von 5 bis 10
3:	Das Lenken des Willens, Wachstum durch Einsicht
2:	Das Enträtseln des Selbst durch Gefühle und Erinnerungen
1 (As):	Der Wille, das Bewußtsein, das Entstehen aller Dinge aus dem Nichts
0:	Das Nichts und das Unbegrenzte; die 0 kommt in der Zahl 10 vor und ist darum an dieser Stelle erwähnenswert.

Schlüsselworte der Zahlen

Aus dem numerologischen Wert der Spielkarten wurde ein System von Schlüsselworten zu den Zahlen destilliert, das eine schnelle Deutung ermöglicht:

König:	Die Gedanken des Fragestellers oder eines Mannes aus der Umgebung
Dame:	Die Gefühle des Fragestellers oder einer Frau aus der Umgebung
Bube:	Symbolisiert ein Kind oder einen Jugendlichen oder eine wichtige Botschaft
10:	Ergebnis
9:	Erfüllung
8:	Kraft
7:	Symbolisiert ein Kind oder eine junge Frau oder Fortschritt durch Kampf
6:	Verlangen
5:	Zweifel
4:	Aufbau
3:	Wachstum
2:	Vereinigung
1 (As):	Anfang
0:	Nichts

Die Schlüsselwortmethode der Zahlen (für ein Spiel zu 52 Blatt)

Mische die Karten und hebe sie mit der linken Hand ab. Konzentriere dich auf deine Situation oder auf ein bestimmtes Problem. Ziehe drei Karten aus den ausgelegten Karten, die für die Situation in der Vergangenheit, im Jetzt und in der Zukunft stehen, und zwar von links nach rechts. Du interpretierst die Karten mit Hilfe der Schlüsselworte.
Anschließend addierst du die Zahlen, um die numerologische Botschaft der Karten zu entschlüsseln.

Beispiel

Gesetzt den Fall, daß eine einsame Fragestellerin drei Karten zieht: Herz Neun für die Vergangenheit, Pik Dame für das Jetzt und Karo Neun für die Zukunft.

Vergangenheit:	Herz Neun	9	Erfüllung	Wohlbefinden
Jetzt:	Pik Dame	2	der Fragesteller	Intuition
Zukunft:	Karo Neun	9	Erfüllung	Erfolg

Schlußfolgerung
In der Vergangenheit haben sich keine nennenswerten Zwischenfälle zugetragen. Die Fragestellerin sollte im Jetzt intuitiver handeln, um in der Zukunft Erfolg verbuchen zu können. Sie wird in der Zukunft gute finanzielle Neuigkeiten erhalten.

Die Summe der Zahlen der Spielkarten

9 + 2 + 9 = 20
20 setzt sich aus 2 x 10 (1 und 0) und 2 und 0 zusammen

Schlußfolgerung
Aus dem Nichts (0) wird Vereinigung (2) entstehen. Mit anderen Worten: der Wille (1), Erfolg zu haben und Resultate (10) zu erzielen erfordert Zusammenarbeit (2). Allein (1) kann man nichts (0) erreichen (1).

Die Begegnungskarten

Was sind Begegnungskarten?

Begegnungskarten sind gewöhnlich gleichwertige Karten, die einander an den oberen Ecken, unten, seitlich, diagonal oder kreuzweise "berühren"; zum Beispiel drei nebeneinander liegende Könige, vier diagonal liegende Siebenen oder zwei gekreuzte Asse. Die Begegnungskarten weisen auf den Kern eines Problems oder einer Situation hin und müssen darum eingehend betrachtet werden. Wenn zwei der drei Begegnungs-

karten aufrecht liegen und die dritte verkehrt herum liegt, so deutest du die zwei aufrechten Karten. Du mußt beide Karten wie zwei gleichwertige Begegnungskarten deuten, von denen die eine aufrecht und die andere verkehrt herum liegt.
Angenommen, du hast zwei Achten. Die Bedeutung der aufrechten Karte lautet, daß man dir eine Liebeserklärung macht. Die Acht verkehrt herum verrät dir etwas über eine Bekanntschaft. Betrachte die Karten, welche die verkehrtherum liegenden und aufrechten Karten umringen, eingehend und deute sie mit Hilfe ihrer Schlüsselworte.
Wenn die umgekehrte Acht neben dem Herz König liegt, so kannst du erwarten, daß du einem blonden (Geschäfts-) Mann begegnen wirst.
Die gleiche Arbeitsweise gilt auch für zwei aufrechte und zwei verkehrt herum liegende, gleichwertige, Begegnungskarten.

(Hier wird nur die Bedeutung der Begegnungskarten As, König, Dame, Bube, Zehn, Neun, Acht und Sieben erklärt.)

Die Bedeutung der Begegnungskarten

	aufrecht:	*verkehrt herum:*
4 Asse:	Gewinn durch Spiel oder Lotto	plötzliche Veränderungen
4 Könige:	Ruhm und Ehre	Beliebtheit
4 Damen:	wichtige Unterhandlung	Gesellschaft
4 Buben:	Familientreffen	Meinungsverschiedenheit
4 Zehnen:	Erfolg	Glücksfall
4 Neunen:	angenehme Überraschung	Neuanfang
4 Achten:	große Reise	Rückkehr eines Freundes
4 Siebenen:	Intrige	Profiteure
3 Asse:	gute Neuigkeiten	unangenehme Nachrichten
3 Könige:	weiser Rat	Verzögerung
3 Damen:	Komplott	Streit mit einer Frau
3 Buben:	Zeitverlust	Streit mit einem Mann
3 Zehnen:	ein anderes Land	ein anderer Wohnort
3 Neunen:	großer Erfolg	Hindernisse
3 Achten:	Hochzeitspläne	Fete
3 Siebenen:	schlechte Gesundheit	Krankheit
2 Asse:	neue Pläne	Widerstand
2 Könige:	trügerischer Vorschlag	geschäftliche Vereinbarung
2 Damen:	tolles Geheimnis	Trost
2 Buben:	gemütliches Beisammensein	uferlose Diskussionen
2 Zehnen:	Einladung	Stellenwechsel
2 Neunen:	kleiner Gewinn	Verlust von Geld
2 Achten:	Liebeserklärung	Bekanntschaft
2 Siebenen:	Verliebtheit	verzehrende Leidenschaft

Die Methode der fünfzehn Karten mit der Schlüsselwortmethode (für ein Kartenspiel zu 32 Blatt)

Mische die 32 Karten, hebe sie ab und laß sie vom Fragesteller in zwei Kartenpäckchen verteilen. Selbstverständlich liegen die Karten verdeckt, also mit der Rückseite nach oben.

Bitte den Fragesteller, eines der Päckchen auszuwählen. Du zählst vom gewählten Kartenstoß fünfzehn Karten ab. Die oberste Karte dieser fünfzehn Karten dient als Überraschungskarte. Den Stoß mit den restlichen vierzehn Karten verteilen wir jetzt in drei Päckchen: zwei zu fünf Karten und eines zu vier Karten.

Das eine Päckchen zu fünf Karten legst du links von dir auf den Tisch, das nächste zu fünf Karten legst du in die Mitte und das Päckchen zu vier Karten legst du rechts auf den Tisch, so daß drei Kartenstöße vor dir liegen. Du beginnst mit der Interpretation des linken Kartenpäckchens.

Danach fährst du mit der Deutung der nächsten zwei Päckchen fort. Wenn alle Karten aufgedeckt sind, deutest du die Botschaft der Überraschungskarte. Diese Karte verrät, welche Überraschung das Schicksal für dich bereit hält. Achte auf die Bedeutung der Begegnungskarten und stelle fest, wieviel der vier Farben zugegen sind. Du interpretierst die Karten aufrecht. (Bei der Schlüsselwortmethode wird nicht mit der unterschiedlichen Bedeutung der aufrecht- oder verkehrt herum liegenden Karten gearbeitet. Du deutest sie einfach mit Hilfe der Schlüsselworte, um so die Botschaft der Karten im Rahmen der "Methode der fünfzehn Karten" zu enträtseln.)

Wenn du die Karten mit Hilfe der Schlüsselwortmethode legst, so stößt du auch auf Karten, die bestimmte Personen darstellen. Anhand des vorgegebenen Beispiels kannst du allerdings nur zu einer vagen Deutung gelangen, weil du natürlich die Beziehung des Fragestellers zu seinen Verwandten und Freunden nicht tiefer ergründen kannst. Dadurch würdest du von der endgültigen Deutung der Karten zu weit abschweifen.

Die Beispiele sind nur eine Interpretationshilfe für die Karten, die dir auf die Sprünge helfen sollen. Wenn du dich selbst an die Arbeit machst, wirst du bemerken, daß die auf den Karten vorkommenden Personen Bekannte aus deiner eigenen Umgebung sind. Für gutes Kartenlegen ist es darum unumgänglich, daß man die Bedeutung jeder einzelnen Karte gut kennt und diese mit Hilfe seiner Intuition deuten kann.

Für den einen Menschen wird das Kartenlegen einfacher und leichter zu erlernen sein als für den anderen, da die Intuition bei ihm besser entwickelt ist. Darum solltest du viel Geduld haben und regelmäßig üben. Eines Tages wirst du entdecken, daß deine innere Stimme während des Kartenlegens von selbst zu sprechen beginnt.

Kurzübersicht über die Vergangenheit, das Jetzt und die Zukunft

Entferne die oberste Karte von den fünfzehn Karten. Diese dient als Überraschungskarte. Die restlichen vierzehn Karten werden verteilt, die fünf Karten für das Jetzt wer-

den in die Mitte gelegt, links daneben fünf Karten für die Vergangenheit und die vier Karten für die Zukunft liegen rechts neben den zwei anderen Stößen.
Wir interpretieren erst die Karten für die Vergangenheit, danach die für das Jetzt und schließlich die für die Zukunft. Die Überraschungskarte wird zum Schluß gedeutet. Die Begegnungskarten und die vier Farben nicht vergessen!

Beispiel

Angenommen, daß ein Fragesteller die folgenden Karten zieht. Für die Vergangenheit: Herz As, Kreuz Neun, Herz König, Karo Zehn und Herz Neun; für die Zukunft: Karo Neun, Kreuz Sieben, Karo Sieben und Herz Sieben.
Kreuz Acht ist die Überraschungskarte. Wir interpretieren die Karten mit Hilfe der Schlüsselwortmethode, um eine kurze Übersicht über das Leben des Fragestellers in der Vergangenheit, im Jetzt und in der Zukunft zu bekommen. Selbstverständlich kommt hier eine gut entwickelte Intuition zustatten. Laß dich von deiner inneren Stimme leiten!

Vergangenheit
Für die Vergangenheit werden die folgenden Karten gezogen: Herz As, Kreuz Neun, Herz König, Karo Zehn und Herz Neun.

Herz As:	Geborgenheit, die häuslichen Umstände, die Gefühle des Fragestellers oder des männlichen Partners
Kreuz Neun:	Dankbarkeit, Überraschung, Geschenk
Herz König:	Verantwortung, Glück im Hause, der Vater oder Ehemann, ein blonder Fragesteller, ein Beschützer oder ein Geschäftsmann
Karo Zehn:	Geld, Studium, Reisepapiere, Ausflug
Herz Neun:	Wohlbefinden, ein Wunsch, ein guter Ausgang

Jetzt
Für das Jetzt werden die folgenden Karten gezogen: Herz Acht, Karo As, Karo Bube, Pik Dame und Kreuz As.

Kreuz Acht:	Freude, ein Fest, Fortschritt in Liebe und Gesellschaft, die Gefühle einer Schwester
Karo As:	Optimismus, Neuigkeiten, Briefe, Dokumente, Verträge
Karo Bube:	Transformation, Bericht aus dem Ausland, ein Ausländer, ein ehrgeiziger oder blonder junger Mann, Soldat, Hausangestellter
Pik Dame:	Intuition, Einsamkeit, Geschenk, eine ältere Frau oder Witwe mit schwarzem Haar, die ältere Mutter oder Schwiegermutter
Kreuz As:	Energie, Kraft, Vermögen, Vereinigung, Erfolg in Unternehmungen

Zukunft

Für die Zukunft werden die folgenden Karten gezogen: Karo Neun, Kreuz Sieben, Karo Sieben und Herz Sieben.

Karo Neun: Erfolg, finanzielle Neuigkeiten, eine Phase geht zu Ende

Kreuz Sieben: Beliebtheit, Dienstbarkeit, Einkünfte und Ausgaben, Berichte, ein Mädchen, eine junge Frau oder Kollegin mit braunem Haar

Karo Sieben: Überraschung, unvorhergesehene Umstände, Zufall, neue Unternehmungen, eine blonde junge Frau oder Ausländerin, ein Kind aus dem Ausland

Herz Sieben: Gesundheit, Fruchtbarkeit, ein blondes Mädchen, eine blonde junge Frau oder Freundin

Schlußfolgerung

In der Vergangenheit erlebte der Fragesteller einen überraschenden, aber positiven Abschluß einer Geschäftsbesprechung oder einer Geschäftsreise ins Ausland. Er trug die Verantwortung für einen Betrieb oder für geschäftliche Angelegenheiten und vertrat diese mit Erfolg. Er erzielte bedeutende, finanzielle Erfolge, er wurde befördert oder stieg ansehnlich auf der gesellschaftlichen Stufenleiter empor.

Im Jetzt wird er froh sein, gute Neuigkeiten über das Abschließen eines günstigen Vertrages mit einem Betrieb im Ausland zu hören. Der Fragesteller bekommt im Hinblick auf eine neue Unternehmung guten Rat und sogar finanzielle Unterstützung von einer älteren Frau. Ihn erwartet große Beliebtheit und Mitarbeit im Hinblick auf all seine Projekte.

In der Zukunft wird er finanziellen Erfolg durch eine Unternehmung erzielen, die Beifall von der Öffentlichkeit erntet. Er lernt eine tatkräftige junge Frau kennen, die ihm Glück bringen wird.

Überraschungskarte

Kreuz Acht: Bewegung, Glück und Pech hinsichtlich Unternehmungen

Fazit

Die Schlußfolgerung verspricht dem Fragesteller nichts als Gutes. Aber Kreuz Acht, die Überraschungskarte, beinhaltet die Warnung, daß er seine Unternehmungen genau im Auge behalten sollte. Die heutige Situation ist Veränderungen unterworfen. Ein großer Erfolg kann schon am nächsten Tag von Enttäuschungen abgelöst werden.

Die Frage nach der Entwicklung der Lebensumstände

Diese Methode verschafft mehr Klarheit über die Gedanken, die du hegst, über das Haus, in dem du wohnst, über deinen Wohnort, über die häusliche Atmosphäre oder über die Frage, ob du umziehen wirst.

Nimm das Päckchen zu fünfzehn Karten, das du zuerst gebraucht hast, mische die Karten und hebe sie ab. Die oberste Karte ist die Überraschungskarte.

Teile sie anschließend in drei Päckchen auf, fünf Karten stehen für die Gedanken des Fragestellers oder für deine Gedanken, fünf Karten für das Haus oder die häusliche Atmosphäre und vier Karten für die unvorhergesehenen Umstände.

Beispiel: Die Gedanken des Fragestellers oder deine Gedanken

Ein Mann erhält die folgenden Karten, die mit der dargelegten Methode gedeutet werden: Karo Neun, Karo Zehn, Herz König, Kreuz Sieben und Karo As.

Karo Neun: Erfolg, finanzielle Neuigkeiten, Ende einer Situation
Karo Zehn: Geld, Studium, Reisepapiere, Ausflug
Herz König: Verantwortung, Glück im häuslichen Bereich, der Vater oder der Ehemann, ein blonder Fragesteller, ein Beschützer oder ein Geschäftsmann
Kreuz Sieben: Beliebtheit, Dienstbarkeit, Einnahmen und Ausgaben, Berichte, ein Mädchen, eine junge Frau oder Kollegin mit braunem Haar
Karo As: Optimismus, Neuigkeiten, Briefe, Dokumente, Verträge

Schlußfolgerung
Die Gedanken des Fragestellers gelten vor allem dem Wohlbefinden eines Kindes oder einer jungen Frau sowie Neuigkeiten im Hinblick auf Dokumente oder Verträge und die finanzielle Lage.
Mit diesen Karten ergründen wir auch die Gedanken eines Mannes, der Erfolg in finanziellen Angelegenheiten hat. Er fühlt sich für das Wohlbefinden seiner Familie oder seiner Verwandten verantwortlich und macht sich Sorgen über ein Kind. Er wird einen positiven Bericht über einen vorteilhaften Vertrag oder ein günstiges Dokument empfangen und einen Arbeitsvertrag mit einer tatkräftigen, jungen Arbeitnehmerin abschließen.

Das Haus oder die häusliche Atmosphäre

Für das Haus oder die häusliche Atmosphäre werden die folgenden Karten gezogen: Karo Sieben, Kreuz Neun, Kreuz As, Karo Bube und Herz Sieben.

Karo Sieben: Überraschung, unvorhergesehene Umstände, der Zufall, ein neues Unternehmen, eine blonde junge Frau oder Ausländerin, ein Kind aus dem Ausland
Kreuz Neun: Dankbarkeit, Überraschung, ein Geschenk
Kreuz As: Energie, Kraft, Glück, Vereinigung, eine Unternehmung ist erfolgreich
Karo Bube: Transformation, Bericht aus dem Ausland, ein Ausländer, ein ehrgeiziger oder blonder Mann, ein Soldat
Herz Sieben: Gesundheit, Fruchtbarkeit, ein blondes Mädchen, eine blonde junge Frau oder Freundin

Schlußfolgerung
Der Fragesteller wird von einer jungen Frau angenehm überrascht, die ihn dazu einlädt, ein neues Unternehmen anzugehen. Dieses Unternehmen bedeutet eine Wende im Hinblick auf die häusliche Atmosphäre. Bericht aus dem Ausland. Man sollte die Gesundheit eines Kindes im Auge behalten.

Unvorhergesehene Umstände

Für die unvorhergesehenen Umstände werden die folgenden Karten gezogen: Herz Acht, Kreuz Acht, Herz Neun und Pik Dame.

Herz Acht:	Freude, ein Fest, Glück in der Liebe oder in der Gesellschaft, die Gefühle einer Schwester
Kreuz Acht:	Bewegung, Glück und Pech in Unternehmungen
Herz Neun:	Wohlbefinden, ein Wunsch, ein guter Ausgang
Pik Dame:	Intuition, Einsamkeit, ein Geschenk, eine ältere Frau oder Witwe mit schwarzem Haar, die ältere Mutter oder Schwiegermutter

Schlußfolgerung
Eine ältere Frau wird den Fragesteller bei seinen Unternehmungen und seinem gesellschaftlichen Aufstieg unterstützen. Am Anfang wird eine bestimmte Unternehmung Schwierigkeiten mit sich bringen, später wird jedoch alles nach Wunsch laufen.

Überraschungskarte
Herz As: Geborgenheit, Glück, die häusliche Atmosphäre, die Gefühle des Fragestellers oder des männlichen Partners

Fazit
Herz As bedeutet, daß man sich keine Sorgen über die häuslichen Umstände zu machen braucht. Dieses Haus wird behaglich und gemütlich sein. Der Fragesteller ist glücklich in diesem Haus. Der männliche Partner oder Ehemann wird seiner Frau Geborgenheit bieten und Aufmerksamkeit schenken, so daß sie sich nicht mehr einsam fühlt.

Die Frage nach der finanziellen Lage

Wer hat keine Fragen zu diesem Thema? Bei dieser Methode verwenden wir wieder das gleiche Päckchen Karten. Wir mischen die Karten, heben sie ab und verteilen sie in drei Päckchen zu fünf Karten für den Gewinn, fünf Karten für den Verlust und vier Karten für unvorhergesehene Umstände. Die oberste Karte ist die Überraschungskarte.

Gewinn

Zum Thema Gewinn werden die folgenden Karten gezogen: Herz König, Karo Sieben, Kreuz Neun, Karo Bube und Kreuz Sieben.

Herz König:	Verantwortung, häusliches Glück, der Vater oder Ehemann, ein blonder Fragesteller, ein Beschützer, ein Mann oder ein Geschäftsmann
Karo Sieben:	Überraschung, unvorhergesehene Umstände, Zufall, eine neue Unternehmung, eine blonde, junge Frau, eine Ausländerin oder ein Kind
Kreuz Neun:	Dankbarkeit, Überraschung, Geschenk
Karo Bube:	Transformation, Bericht aus dem Ausland, ein junger Ausländer, ein ehrgeiziger oder blonder junger Mann, ein Soldat
Kreuz Sieben:	Beliebtheit, Dienstbarkeit, Einkünfte und Ausgaben, Berichte, ein Mädchen, eine junge Frau oder Kollegin mit braunem Haar

Schlußfolgerung
Der Hauptverdiener des Hauses wird einen Bericht aus dem Ausland empfangen, der ihn überraschen wird. Er bekommt Hilfe von einem tatkräftigen und ergebenen jungen Kollegen.

Verlust

Für Verlust werden die folgenden Karten gezogen: Herz As, Pik Dame, Kreuz Acht, Herz Acht und Karo Neun.

Karo As:	Geborgenheit, Glück, die häusliche Atmosphäre, die Gefühle des Fragestellers oder des männlichen Partners
Pik Dame:	Intuition, Einsamkeit, ein Geschenk, eine ältere Frau oder Witwe mit schwarzem Haar, die ältere Mutter oder Schwiegermutter
Kreuz Acht:	Bewegung, Glück und Pech im Hinblick auf Unternehmungen
Herz Acht:	Freude, ein Fest, Glück in der Liebe oder in der Gesellschaft, die Gefühle einer Schwester
Karo Neun:	Erfolg, finanzielle Neuigkeiten, eine Periode geht zu Ende

Schlußfolgerung
Glück und Pech lösen einander ab. Der Fragesteller oder Ehemann muß hart arbeiten, um sein Brot zu verdienen. Darum ist eine ältere Frau oder Ehefrau oft allein zu Hause und grübelt. Aber es besteht Hoffnung! In Kürze erhält man gute, finanzielle Neuigkeiten, die das Ende einer einsamen und schweren Periode im Leben ankündigen. Finanzielle Hilfe einer älteren Frau.

Unvorhergesehene Umstände

Für die unvorhergesehenen Umstände werden die folgenden Karten gezogen: Karo Zehn, Karo As, Herz Sieben und Herz Neun.

Karo Zehn:	Geld, Studium, Reisepapiere, Ausflug
Karo As:	Optimismus, Neuigkeiten, Briefe, Dokumente, Verträge

Herz Sieben:	Gesundheit, Fruchtbarkeit, ein blondes Mädchen, eine blonde junge Frau oder Freundin
Herz Neun:	Wohlbefinden, ein Wunsch, ein guter Ausgang

Schlußfolgerung
Es empfiehlt sich, in dieser Periode keine neuen Unternehmungen anzugehen, denn sie werden bestimmt nicht wie am Schnürchen laufen. Man muß hart daran arbeiten und man muß alle Dinge scharf im Auge behalten, um keine Verluste zu erleiden. Unvorhergesehene Umstände sorgen für Glück und Pech. Keine Sorge, alles wird doch noch gut enden.
Der Fragesteller oder der männliche Partner hat Probleme, an regelmäßige Einkünfte zu kommen, aber schließlich wird er doch noch Erfolg haben. Dank der Mitarbeit treuen Personals wird er ein Gleichgewicht zwischen seinen Einkünften und Ausgaben finden können. Mit einer günstigen Unternehmung wird Geld verdient.

Widerstand

Zum Thema Widerstand werden die folgenden Karten gezogen: Karo Bube, Karo As, Herz Sieben, Herz Acht und Herz Neun.

Karo Bube:	Transformation, Bericht aus dem Ausland, ein junger Ausländer, ein ehrgeiziger oder blonder junger Mann, ein Soldat
Karo As:	Optimismus, Fruchtbarkeit, ein blondes Mädchen oder Frau, eine Freundin
Herz Acht:	Freude, Fest, Glück, die Gefühle einer Schwester
Herz Neun:	Wohlbefinden, ein Wunsch, eine Sache geht gut aus

Schlußfolgerung
Gute Neuigkeiten aus dem Ausland. Eine bestimmte Unternehmung ist erfolgreich durch einen günstigen Vertrag. Die Gesundheit eines Kindes oder jungen Frau bereitet Sorgen, letztendlich wendet sich jedoch alles zum Guten.

Unvorhergesehene Umstände

Für die unvorhergesehenen Umstände werden die folgenden Karten gezogen: Karo Neun, Herz König, Kreuz As und Pik Dame.

Karo Neun:	Erfolg, finanzielle Neuigkeiten, Abschluß einer Periode
Herz König:	Verantwortung, häusliches Glück, der Vater oder Ehemann, ein blonder Fragesteller, ein Beschützer oder ein (Geschäfts-) Mann
Kreuz As:	Energie, Kraft, Glück, Vereinigung, erfolgreiche Unternehmungen
Pik Dame:	Intuition, Einsamkeit, ein Geschenk, eine ältere Frau oder eine Witwe mit schwarzem Haar, die ältere Mutter oder Schwiegermutter

Schlußfolgerung
Der Fragesteller, Vater oder Ehemann erhält Nachrichten, die Erfolg und Glück versprechen. Dank seiner guten Intuition und seines Geschäftssinns wird er mit seinen Unternehmungen viel Geld verdienen können. Er bekommt Hilfe oder erhält Unterstützung von einer älteren Frau.

Überraschungskarte
Kreuz Neun: Dankbarkeit, Überraschung, Geschenk

Fazit
Der Fragesteller kann mit dem Starten einer neuen Unternehmung ruhig ein wenig warten. Die alten Geschäfte müssen erst abgewickelt werden, bevor er neue angehen kann. Die Überraschungskarte kündigt Unterstützung von einer älteren Frau an und die Hilfe und Mitarbeit eines jungen Kollegen.
Nach einer Zeit von Glück und Pech gerät das Leben zu guter Letzt doch noch ins Gleichgewicht. Die Unternehmungen werden durch harte Arbeit und vorsichtiges Handeln viel Geld einbringen. Im Laufe der Zeit wird ein kleines Vermögen verdient werden.

Die Deutung der Begegnungskarten anhand des Beispiels

Die fünfzehn Karten, die wir mit Hilfe der verschiedenen Methoden interpretiert haben, sind: Herz König, Herz Neun, Herz As, Herz Acht, Herz Sieben, Kreuz As, Kreuz Neun, Kreuz Acht, Kreuz Sieben, Karo As, Karo Bube, Karo Zehn, Karo Neun, Karo Sieben und Pik Dame.
Die Anzahl der Begegnungskarten hängt natürlich von der Überraschungskarte ab. Du mußt also bei jeder der erläuterten Methoden feststellen, wieviel Begegnungskarten vorhanden sind.

Was die Begegnungskarten anbelangt, sehen wir folgendes:

3 Asse: gute Neuigkeiten
3 Neunen: viel Erfolg
3 Siebenen: schlechte Gesundheit
2 Achten: Liebeserklärung

Die Botschaft der Begegnungskarten lautet, daß der Fragesteller mit guten Neuigkeiten hinsichtlich seines Hauses rechnen kann, viel geschäftlichen Erfolg erzielen wird, die Gesundheit im Auge behalten sollte und in Liebe und Frieden mit seiner Umgebung leben wird.

Die Deutung der vier Farben des Kartenspiels anhand des Beispiels

Im Beispiel zur Methode mit fünfzehn Karten überwiegen von den vier Farben des Kartenspiels die Herz- und Karokarten. Dies bedeutet, daß im Leben des Fragestellers die Beziehungen zu seiner Liebsten, zu seiner Familie und zu seiner Arbeit einen wichtigen Stellenwert einnehmen.

Eine Kurzübersicht über die Lebenssituation mit Hilfe der Methode der zwölf Karten einschließlich Begegnungskarte (mit 36 Blatt)

Mische die Karten, hebe sie ab oder lasse sie vom Fragesteller abheben. Lege jeweils sechs Karten vom Kartenstoß aus und lege die siebte Karte beiseite, bis insgesamt zwölf Karten auf dem Tisch liegen.
Stelle fest, ob die persönliche Karte dabei ist. Falls sie nicht dabei sein sollte, wählst du eine Karte aus, die deiner Persönlichkeit, deinem Aussehen oder deinem Alter am meisten entspricht. Dabei solltest du allerdings berücksichtigen, daß Pik As die Angelegenheiten oder die Gedanken des Fragestellers oder des weiblichen Partners darstellt und daß Herz As die Lebenssituation oder die Gefühle des Fragestellers oder des männlichen Partners symbolisiert.
Du beginnst mit der persönlichen Karte und anschließend interpretierst du der Reihe nach die anderen Karten.

Methode der Entschlüsselung der verborgenen Bedeutung der zwölf Karten

Mit Hilfe dieser Methode versuchen wir, die verborgene Bedeutung der zwölf Karten zu entschlüsseln. Wir nehmen den Stoß mit den restlichen 24 Karten und legen nach je sechs Karten die siebte Karte beiseite. Die erste Karte legst du auf die persönliche Karte, die nächsten auf die Karten, die der persönlichen Karte folgen. Zum Schluß liegen zwölf Karten auf den zwölf Grundkarten.
Jetzt ist die Bedeutung der Hofkarten, der Zweien und Siebenen sehr wichtig; sie verraten deine Gedanken und die Gefühle der Menschen in deiner Umgebung.
Du beginnst mit der Deutung der persönlichen Karte und der Karte, die auf ihr liegt und du fährst mit der Interpretation der restlichen 22 Karten fort.
Jetzt betrachten wir die Botschaft der Begegnungskarten. Angenommen, daß bei der ersten Methode Herz Dame deine persönliche Karte ist. Diese Karte liegt aufrecht. Bei der zweiten Methode sind noch zwei Damen hinzugekommen: Kreuz Dame aufrecht und Pik Dame verkehrt herum. Du interpretierst die Botschaft dieser Karten nach der aufrechten Version. Die Schlußfolgerung lautet, daß du aufpassen solltest, damit du nicht in einen Komplott verwickelt wirst.
Kontrolliere, ob bei den übrigen 21 Karten noch andere Begegnungskarten liegen und deute ihre Botschaft kurz und bündig.

Eine positive oder negative Antwort

Diese Methode eignet sich für Fragen, die nur mit "ja" oder "nein" beantwortet werden können.
Nimm die restlichen zwölf Karten, die du noch nicht ausgelegt hast und lege sie der Reihe nach auf den Tisch, so daß sie alle zwölf nebeneinander liegen. Du beginnst mit der Deutung der Karten bei der ersten Karte, die du antriffst. Diese Art und Weise des Kartenlegens beantwortet schließlich die Frage, die du zur Entwicklung deiner zukünftigen Situation gestellt hast.
Achte auf die Botschaft der Begegnungskarten. Nachdem du die Karten gedeutet hast, legst du sie auf dem Tisch aus, die Rückseite liegt oben.
Ziehe eine Karte. Eine Herz- oder Karokarte steht für "ja" oder eine positive Antwort, eine Kreuz- oder Pikkarte für "nein" oder eine negative Antwort. Auf diese Weise erfährst du, wie eine bestimmte Situation enden wird oder du bekommst eine deutliche Antwort auf die Frage, die dich beschäftigt.

Das Vorhersagen der Zukunft

Du verwendest die zwölf Karten, die du soeben gebraucht hast und mischst sie gründlich. Ziehe drei Karten für dich selbst, drei für das Haus, in dem du wohnst, drei für die Zukunft und drei für die Überraschung, welche die Zukunft für dich bereit hält.
Die drei Karten für dich selbst symbolisieren deine eigene Persönlichkeit, deine Gedanken und deine Gefühle.
Die drei Karten für das Haus, in dem du wohnst, stehen für die Ereignisse im Jetzt, die zu Hause stattfinden. Die drei Karten für die Zukunft weisen darauf hin, was dein Leben in der Zukunft bringen wird oder sie geben einen Einblick in die Ereignisse, die stattfinden werden.
Die drei Überraschungskarten verraten unerwartete Ereignisse, sogenannte Zufälligkeiten oder plötzliche Veränderungen, die du erleben wirst.
Achte auf die Botschaft der Begegnungskarten.

Die Methode zur Entschlüsselung des Karmas und des Lebensschicksals (für ein Kartenspiel zu 36 Blatt)

Über Karma und Schicksal

Um mit dieser Methode arbeiten zu können, sollte man erst wissen, was mit Karma und Schicksal eigentlich gemeint ist. Der Begriff "Karma" kommt aus dem fernen Osten und erklärt die Gesetzmäßigkeiten des Reinkarnationsprozesses. Reinkarnation ist die Wiedergeburt der Seele in einen neuen Körper während verschiedener Leben. Das Ziel dieses Prozesses ist, daß der Seele die Möglichkeit geboten wird, im Laufe der verschiedenen Leben Vollkommenheit zu erlangen, denn in einem einzigen Leben kann dieses Stadium sicher nicht erreicht werden.
Das Streben nach Vollkommenheit kennzeichnet sich durch viele Rückschläge. Wir müssen versuchen, die Bedeutung unserer Anwesenheit auf Erden zu erklären und uns

fragen, was der Sinn dieses Lebens ist. Jeder Mensch muß eine bestimmte Aufgabe auf Erden erfüllen. Die Erfüllung dieser Aufgabe oder dieses Lebensauftrags hängt von den eigenen Möglichkeiten und Anstrengungen ab und steht unmittelbar mit dem guten Willen und den Fehlern in Zusammenhang, die man in früheren Leben gemacht hat.
"Karma" ist die Arbeit der Seele und funktioniert nach dem Gesetz von Ursache und Wirkung. Wer unentwegt versucht hat, positiv zu handeln, wird dafür irgendwie belohnt werden. Vielleicht nicht von den Menschen, von denen er es erwartet und auch nicht in dem Moment, in dem er es erhofft. Die "Belohnung" kann viel später kommen, zu einem späteren Zeitpunkt oder in einem zukünftigen Leben, wenn die Seele auch tatsächlich etwas ihr anfangen kann, wenn sie ihre Lebensaufgabe erfüllen oder die Belohnung als Nahrung im Reifeprozeß gebrauchen kann.
Wohltun bringt Zinsen, so heißt es. Im Grunde enthält diese Redensart die Botschaft des Karmas. Wer Fehler in der Vergangenheit gemacht hat, wird im Jetzt oder in der Zukunft irgendwie dafür bezahlen müssen. Es geht hier nicht um das biblische "Auge um Auge, Zahn um Zahn" oder, in abgeschwächter Form: Ich darf nichts Böses tun, sonst wird mir Böses zuteil, vielmehr sollte man seinem Gewissen vertrauen und Gutes tun, um des Guten willen, ohne eine Gegenleistung zu erwarten.
Karma und Schicksal können folglich nicht regelrecht als Schuld und Sühne oder Strafe und Belohnung interpretiert werden, sie sind vielmehr eine rein energetische Frage; jeder Gedanke, jedes unserer Gefühle oder jede Tat bringt einen Prozeß in Gang, dessen Folgen wir als Strafe oder Belohnung empfinden, im Grunde haben sie jedoch nichts damit zu tun. Es ist eine logische Folge der Gedanken, der Gefühle oder Handlungen in der Vergangenheit. Jemand, der im Jetzt viel Enttäuschungen verarbeiten muß, braucht in einem früheren Leben nicht unbedingt ein schlechter Mensch gewesen zu sein. Vielleicht muß er diese Enttäuschungen ganz einfach ertragen und als eine Erfahrung verstehen, als eine Chance, zu Wachstum oder zu Reife der Seele zu gelangen. Es ist möglich, daß er auf eine schwere Lebensaufgabe vorbereitet wird, die der Menschheit im Jetzt oder in einem folgenden Leben zugute kommt. Es ist nicht die Absicht, daß man fatalistisch reagiert, vielmehr sollte man aufgeweckt handeln und in der Lage sein, sein Leben differenziert zu analysieren.
Überdenke die schweren Momente des Lebens und lerne aus ihnen, ohne verbittert zu werden. Dies allein schon wird vielen schwer zu schaffen machen. Du solltest die Ursachen der Probleme ergründen, so daß du auf eine Situation mit ähnlichen Schwierigkeiten vorbereitet bist. Nur so kannst du die Folgen im voraus gewahren und erkennen, wo sie im Jetzt oder in der Zukunft auftauchen werden.
Urteile nicht zu schnell. Solange du nicht alles weißt, empfiehlt es sich, zu schweigen und umsichtig zu handeln. Entdecke in jeder Lebenssituation eine positive Botschaft und lerne aus negativen Erfahrungen.

Die Methode von Karma und Schicksal mit Hilfe der Schlüsselworte

Im Rahmen dieser Methode beschäftigen wir uns mit Ursache und Wirkung eines bestimmten Problems oder einer Lebenssituation. Die Folgen der Handlungen in der Vergangenheit hinterlassen Spuren im Jetzt.

Die Taten im Jetzt bestimmen für einen großen Teil die Ereignisse in der Zukunft. Man sollte natürlich auch unvorhergesehene Umstände und sogenannte Zufälle berücksichtigen. Letztgenannte hängen meistens mit dem Karma zusammen. Betrachte darum die Bedeutung der Karmakarten, wenn du die Karten für die Vergangenheit, das Jetzt und die Zukunft deutest und ihre Botschaft nicht sofort erkennst. Die Wahrheit ist oft zum Greifen nahe, aber wir sind nicht immer in der Lage, sie zu sehen.

Beispiel

Bei dieser Methode verwenden wir 36 Blatt auf die gleiche Weise, wie schon eher erklärt wurde. Wir wenden die Stich- oder Schlüsselworte der Schlüsselwortmethode an, um die Karten auf direkte Weise zu deuten. Falls du die Karten für dich selbst legst, führt dich deine Intuition zu den Situationen und Problemen, die dich wirklich beschäftigen. Der Erklärung der Schlüsselwortmethode kannst du Näheres entnehmen, so daß du erkennen kannst, wer oder was der Grund deines Problems ist und wie du handeln solltest, um dein Schicksal in die richtigen Bahnen zu lenken. Wer noch tiefer auf die Botschaft der Karten eingehen will, kann die Bedeutung der Begegnungskarten in der Vergangenheit, im Jetzt und in der Zukunft entschlüsseln.
Mische die 36 Karten und hebe sie ab. Lege den Rest obenauf, ziehe neun Karten aus dem Päckchen für das Karma und lege sie in einer waagerechten Reihe aus. Hier sind die Ursachen des Problems oder der jetzigen Lebenssituation verborgen und zugleich wird der Kern der Schwierigkeiten angerührt. Das Schlüsselwort der Karmakarten enthält oft eine Warnung oder gibt einen Rat, wie man in den jetzigen Umständen handeln sollte, da es ein unmittelbares Verbindungsglied zur Lebensaufgabe ist.
Ziehe neun Karten aus dem Stoß und lege sie unter die Reihe der Karmakarten; sie stellen die Vergangenheit dar. In der Vergangenheit findest du die Ursachen deiner heutigen Lebenslage oder die der Probleme, mit denen du in deinem Leben zu kämpfen hast.
Ziehe neun Karten für das Jetzt und lege sie unter die Reihe der Karten der Vergangenheit. Im Jetzt findest du die Folgen eines Problems oder die einer Situation aus der Vergangenheit. Das Schlüsselwort deutet zugleich auf deine Möglichkeiten hin, mit deren Hilfe du die Entwicklung in der Zukunft positiv verändern kannst.
Die übriggebliebenen neun Karten werden unter der Kartenreihe des Jetzt ausgelegt. Diese Karten stellen die zukünftigen Entwicklungen dar, die den Taten des Jetzt entsprungen sind.

Beispiel

Angenommen, die folgenden Karten liegen vor dir: Pik König, Karo Acht, Herz Sieben, Karo Sieben, Herz König, Herz Dame, Karo Dame, Kreuz Dame und Herz Zwei.

Vergangenheit: Kreuz König, Pik Zwei, Kreuz Zwei, Pik As, Kreuz Neun, Karo Neun, Herz Neun, Karo König und Karo Zwei

Jetzt: Kreuz Sieben, Kreuz As, Kreuz Bube, Kreuz Acht, Karo As, Herz Bube, Pik Bube, Pik Sieben und Herz Zehn

Zukunft: Pik Neun, Kreuz Zehn, Pik Dame, Karo Bube, Pik Acht, Herz Acht, Herz As, Pik Zehn und Karo Zehn

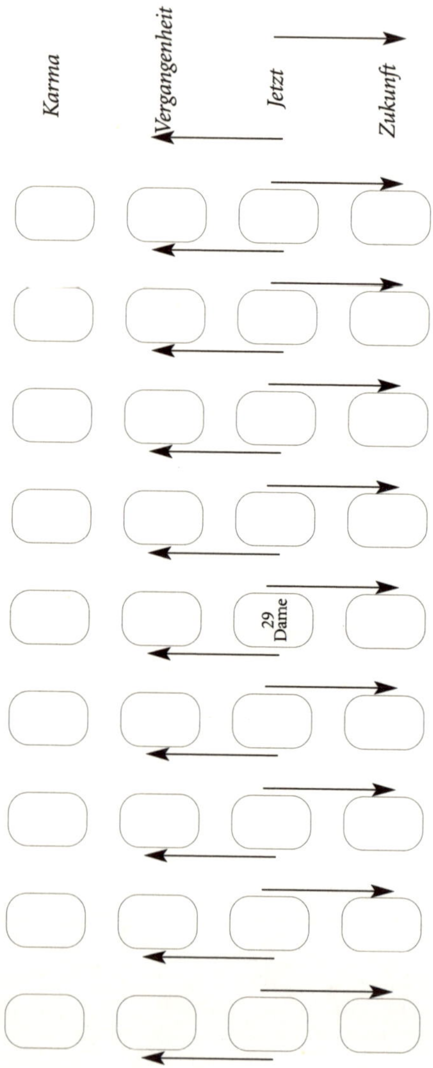

Die Methode von Karma und Schicksal mit Hilfe der Schlüsselworte

Erste Deutung

Wir schauen uns die Karten an, die untereinander liegen. Das sind: Pik König, Kreuz König, Kreuz Sieben und Pik Neun.

Jetzt:	Kreuz Sieben	Beliebtheit
Vergangenheit:	Kreuz König	Streben
Zukunft:	Pik Neun	Bruch
Karma:	Pik König	Weisheit

Schlußfolgerung
Du bemühst dich um Beliebtheit und damit hast du Erfolg. Doch kündigt sich ein Bruch mit jemandem oder mit etwas an. Du solltest auf der Hut sein und weise handeln, um künftigem Unheil zuvorzukommen.

Zweite Deutung

Für die zweite Deutung stehen uns die folgenden Karten zur Verfügung: Karo Acht, Pik Zwei, Kreuz As und Kreuz Zehn.

Jetzt:	Kreuz As	Energie
Vergangenheit:	Pik Zwei	Geheimnis
Zukunft:	Kreuz Zehn	Erfolg
Karma:	Karo Acht	Arbeit

Schlußfolgerung
In der Vergangenheit hast du im stillen an einem Projekt gearbeitet, das viel Energie gekostet hat, in der Zukunft wirst du allerdings die Früchte deines Fleißes ernten können. Du arbeitest für dein Leben gern!

Dritte Deutung

Die dritte Deutung erfolgt mit den folgenden Karten: Herz Sieben, Kreuz Zwei, Kreuz Bube und Pik Dame.

Jetzt:	Kreuz Bube	Hingabe
Vergangenheit:	Kreuz Zwei	Behagen
Zukunft:	Pik Dame	Intuition
Karma:	Herz Sieben	Gesundheit

Schlußfolgerung
In der Vergangenheit hast du dich guten Mutes an die Arbeit gemacht. Du kniest dich in eine bestimmte Unternehmung im Jetzt oder kümmerst dich hingebungsvoll um einen Menschen. Du solltest deine Intuition öfter dazu einsetzen, um dein Ziel zu

erreichen. "Ein gesunder Geist in einem gesunden Körper"; behalte deine Lebensenergie im Auge!

Vierte Deutung

Für die vierte Deutung haben wir die folgenden Karten gezogen: Karo Sieben, Pik As, Kreuz Acht und Karo Bube.

Jetzt:	Kreuz Acht	Bewegung
Vergangenheit:	Pik As	Vollendung
Zukunft:	Karo Bube	Transformation
Karma:	Karo Sieben	Überraschung

Schlußfolgerung
Alte Angelegenheiten werden erledigt, neue kündigen sich an. Man denkt daran, neue Unternehmungen im Jetzt anzugehen. Die heutigen Lebensumstände befinden sich ständig in Bewegung. Dein Leben wird in der Zukunft ganz anders aussehen.
Die Karmakarte verrät dir, daß dein Leben voller Überraschungen ist. Du wirst niemals der gleiche Mensch sein und bleiben; du hast einen neugierigen Geist, der sich tapfer auf die Suche nach neuen Herausforderungen macht.

Fünfte Deutung

Für die fünfte Deutung kommen die folgenden Karten an die Reihe: Herz König, Kreuz Neun, Karo As und Pik Acht.

Jetzt:	Karo As	Optimismus
Vergangenheit:	Kreuz Neun	Dankbarkeit
Zukunft:	Pik Acht	Kummer
Karma:	Herz König	Verantwortung

Schlußfolgerung
Ein Ereignis aus der Vergangenheit stimmt dich dankbar und du denkst gerne und voller Freude daran zurück. Du bist mit deinem jetzigen Leben zufrieden. Trotzdem muß vor einer unbesorgten oder oberflächlichen Herangehensweise gewarnt werden. Du solltest dankbar für deine Gaben sein, benutze sie jedoch voller Einsicht und Verantwortungsgefühl. Du hast sie nicht für nichts bekommen. Du mußt auch etwas mit ihnen anfangen! Sonst wirst du in der Zukunft vielleicht eine große Enttäuschung verarbeiten müssen, weil du die Chancen oder die Möglichkeiten des Jetzt nicht erkannt und genutzt hast!

Sechste Deutung

Für eine sechste Deutung haben wir die folgenden Karten vor uns liegen: Herz Dame, Karo Neun, Herz Bube und Herz Acht.

Jetzt:	Herz Bube	Liebe
Vergangenheit:	Karo Neun	Erfolg
Zukunft:	Herz Acht	Freude
Karma:	Herz Dame	Zuneigung

Schlußfolgerung
Du wirst von liebevollen Personen umringt und hast einen aufmerksamen Geliebten. In der Vergangenheit bist du deiner großen Liebe begegnet. Dir wird Freude in der Zukunft durch die Liebe und Zuneigung des Partners, der Verwandten und Freunde prophezeit. Dein Leben wird im Zeichen der Liebe und Freundschaft stehen.

Siebte Deutung

Für die siebte Deutung wurden die folgenden Karten ausgelegt: Karo Dame, Herz Neun, Pik Bube und Herz As.

Jetzt:	Pik Bube	Verteidigung
Vergangenheit:	Herz Neun	Wohlbefinden
Zukunft:	Herz As	Geborgenheit
Karma:	Karo Dame	Zeit

Schlußfolgerung
Im Jetzt wirst du deine Herzenswünsche sorgfältig planen müssen und sogar gegen den bösen Willen und das Mißtrauen deiner Umgebung verteidigen müssen. Du wirst in der Zukunft bei einer liebevollen Person Geborgenheit finden, dies wird allerdings viel Zeit kosten...
Die Karmakarte enthüllt, daß man mit seiner Zeit vernünftig umgehen sollte und daß Geduld eine gute Eigenschaft ist...

Achte Deutung

Für die achte Deutung erhalten wir die folgenden Karten: Kreuz Dame, Karo König, Pik Sieben und Pik Zehn.

Jetzt:	Pik Sieben	Sehnsucht
Vergangenheit:	Karo König	Gunst
Zukunft:	Pik Zehn	Enttäuschung
Karma:	Kreuz Dame	Anziehung

Schlußfolgerung
Du sehnst dich im Jetzt nach der Gunst eines Mannes aus deiner Vergangenheit. Du solltest es vermeiden, in Luftschlössern zu leben und endlich aus deinen Träumen erwachen. Laß die Vergangenheit ruhen. Akzeptiere die Wirklichkeit, so wie sie ist. Wenn du deine Träume weiterhin für die Wirklichkeit hältst, wirst du schwer enttäuscht werden.
Die Karmakarte verrät uns, daß wir nicht nach dem Äußeren urteilen, sondern uns dem Kern der Dinge widmen sollten. Mit anderen Worten: Laß dich nicht vom Schein trügen, sondern stoße zum inneren Kern aller Dinge vor...

Neunte Deutung

Für die neunte Deutung haben wir die folgenden Karten: Herz Zwei, Karo Zwei, Herz Zehn und Karo Zehn.

Jetzt:	Herz Zehn	Eintracht
Vergangenheit:	Karo Zwei	Verhandlung
Zukunft:	Karo Zehn	Geld
Karma:	Herz Zwei	Prüfung

Schlußfolgerung
In der Vergangenheit wurden Vereinbarungen getroffen, die zu einem gemeinsamen und einmütigen Streben nach Glück führen werden. Gebrauche deine feine Nase für Geschäfte, um im Leben Erfolg zu haben.

Die Methode des Schicksals mit Hilfe der Schlüsselworte (für ein Kartenspiel zu 32 Blatt)

Die Methode des Schicksals basiert auf den klassischen französischen "Reussites" mit Hilfe von Karten. Diese für 32 Karten geeignete Methode gewährt eine Übersicht über das Jetzt, die Vergangenheit und die Zukunft. Sie wird meistens entsprechend der Auslage des Kreuzes für 32 Karten angewendet.
Für ein schnelle Interpretation der Karten empfiehlt sich die Schlüsselwortmethode.

Arbeitsweise

Du entscheidest selbst, welche Karte dich als persönliche Karte vertritt, du läßt diese Karte jedoch im Stoß zu 32 Blatt.
Mische die Karten und hebe sie mit der linken Hand ab. Halte das Päckchen von 32 Karten in der einen Hand und nimm mit der anderen Hand zwei Karten vom Stoß, die du, aufeinander, vor dir auf den Tisch legst. Dies sind die Überraschungskarten.
Die dritte Karte, die du vom Kartenpäckchen nimmst, ist für die Vergangenheit bestimmt und sie wird links über die Überraschungskarten gelegt.

Die vierte Karte stellt das Jetzt dar und bekommt einen Platz in der Mitte, über den Überraschungskarten.
Die fünfte Karte symbolisiert die Zukunft und wird rechts oben abgelegt.
Die übrigen Karten werden, der Reihe nach, auf die Position der Vergangenheit, des Jetzt und der Zukunft gelegt. Auf diese Weise erhältst du drei Päckchens zu je zehn Karten, mit Ausnahme der zwei Überraschungskarten natürlich.
Drehe die Kartenstöße der Reihe nach um und deute die Karten mit Hilfe der Schlüsselwortmethode. Du beginnst mit den Karten der Vergangenheit, es folgen die des Jetzt und danach die der Zukunft.
Finde heraus, in welchem Päckchen sich die persönliche Karte befindet.

Deutung der persönlichen Karte
Das Päckchen, in der sich die persönliche Karte befindet, kann die geheimen Gedanken des Fragestellers entschlüsseln oder den Kurs, den er im Leben am Wichtigsten findet.

Persönliche Karte auf der Position der Vergangenheit
Der Fragesteller hält viel zu sehr an der Vergangenheit fest. Er lebt in seinen Erinnerungen und schneidet sich vor den Möglichkeiten des Jetzt ab.

Persönliche Karte auf der Position des Jetzt
Der Fragesteller grübelt über ein kompliziertes Problem, für das es keine rasche Lösung gibt. Betrachte die Karten der Vergangenheit, damit du die Ursachen der heutigen Situation erkennst. Auf die Folgen dieser Situation stößt du in der Zukunft.

Persönliche Karte auf der Position der Zukunft
Behalte die Realität des Jetzt im Auge. Die Bedeutung der persönlichen Karte in der Zukunft spielt darauf an, daß im Leben des Fragestellers große Veränderungen bevorstehen. Betrachte im Jetzt, welche Ereignisse sich zutragen, damit du die künftige Entwicklung in die richtigen Bahnen lenken kannst.

Persönliche Karte bei den Überraschungskarten
Das Leben des Fragestellers wird unerwarteterweise eine völlig andere Wendung nehmen.

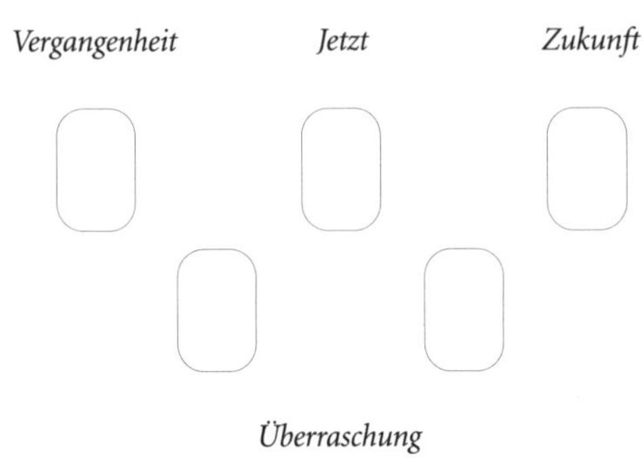

Die Methode des Kreuzes (für ein Spiel zu 32, 36 oder 52 Blatt)

Bei der Methode des Kreuzes entscheiden wir erst, mit wieviel Karten wir arbeiten wollen. Wir können mit 52 Karten arbeiten oder mit den vier Farben von As, König, Dame, Bube, Zehn, Neun, Acht und Sieben - also mit 32 Blatt - oder wir fügen dieser Anzahl die Sechsen oder Zweien hinzu und erhalten so 36 Blatt.

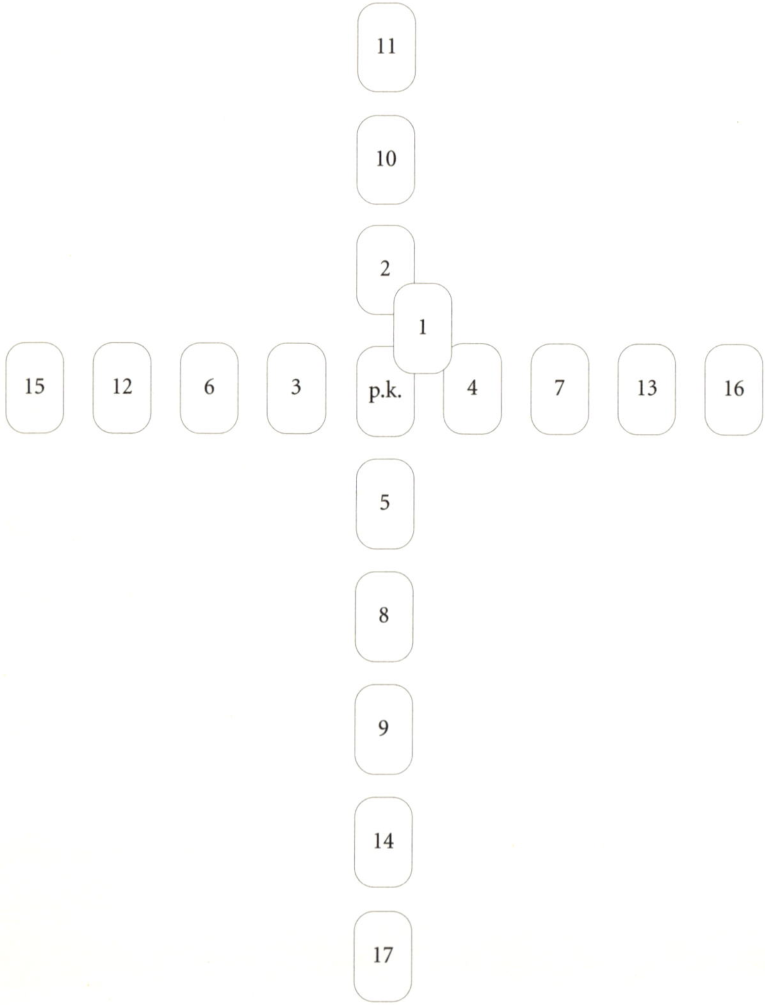

Arbeitsweise

Entferne die persönliche Karte aus dem Spiel und lege sie in die Mitte des Tisches. Du mischst die Karten und hebst sie drei Mal mit der linken Hand ab. Du fächerst die Karten auf und ziehst siebzehn Karten.
Lege jeweils eine Karte für die fünf Positionen des Kreuzes aus: Fragesteller, Kopf, Herz, Haus und Füße und gehe folgendermaßen vor:

Erste Karte: der Fragesteller, liegt auf der persönlichen Karte; die heutige Situation des Fragestellers
Zweite Karte: der Kopf, liegt über der persönlichen Karte; die Gedanken des Fragestellers
Dritte Karte: das Herz, links von der persönlichen Karte; die Gefühle des Fragestellers
Vierte Karte: das Haus, rechts von der persönlichen Karte; die häuslichen Umstände des Fragestellers
Fünfte Karte: die Füße, unter der persönlichen Karte; die unerwarteten Ereignisse im Leben des Fragestellers

Erste Deutung
Interpretiere die fünf Karten nach ihrer Farbe. Achte darauf, ob eine der vier Farben überwiegt und achte auf die Bedeutung der Begegnungskarten. Überwiegen vor allem rote Karten, also Herz- und Karokarten, so kann man Erfolg und Herzlichkeit erwarten. Dominieren die schwarzen Karten, also Kreuz- und Pikkarten, so sieht die Zukunft düster aus.

Herz: Gefühle, Freundschaft, Liebe; Herzlichkeit seitens des Geliebten, der Verwandten oder Freunde; Freude und Liebe
Kreuz: Bewegung, Unternehmen, Energie, Reisen; eine Unternehmung bereitet Sorgen
Karo: Kommunikation, Arbeit, Besitz; warten auf einen Bericht oder auf Neuigkeiten über Arbeit und Geld
Pik: Gedanken, Leidenschaft, Karma; Kampf, Grübeln, Wehmut oder Kummer

Zweite Deutung
Wir ziehen zwei Karten, die jeweils neben das Herz 6) und das Haus 7) gelegt werden und zwei Karten, die unter die Füße 8) und 9) gelegt werden. Danach ziehen wir wiederum jeweils eine Karte für den Fragesteller 10), den Kopf 11), das Herz 12), das Haus 13), die Füße 14) und ferner legen wir je eine Karte neben das Herz 15), das Haus 16) und unter die Füße 17).
Du untersuchst jetzt die Bedeutung der einzelnen Karten auf jeder Position und beachtest auch die vier Farben. Wenn zum Beispiel Herz - und Karokarten im Bereich des Herzen dominieren, so laufen Liebesabenteuer und Familienangelegenheiten

nach Wunsch. Liegen ausschließlich Herzkarten an dieser Stelle, so wird Erfolg in der Liebe prophezeit.

Dritte Deutung
Du interpretierst die Bedeutung der Begegnungskarten und der dominierenden Farbe für die Entwicklung in der Zukunft.

Die Methode des Sterns mit Hilfe der Schlüsselworte (für ein Kartenspiel zu 32, 36 oder 53 Blatt)

Lege die persönliche Karte in die Mitte des Tisches. Mische die Karten und hebe sie mit der linken Hand ab. Lege dreizehn Karten folgendermaßen aus:
Die erste, fünfte, sechste und elfte Karte für die Gedanken des Fragestellers. Die zweite, neunte, zehnte und zwölfte Karte für die Gesundheit des Fragestellers. Die dritte und siebte Karte für Geschäfte und Unternehmungen. Die vierte und achte Karte für die Gefühle des Herzens. Die dreizehnte Karte wird beiseite gelegt und dient als Überraschungskarte für die unerwarteten Vorfälle im Leben.
Deute die Karten mit Hilfe der Schlüsselwortmethode.

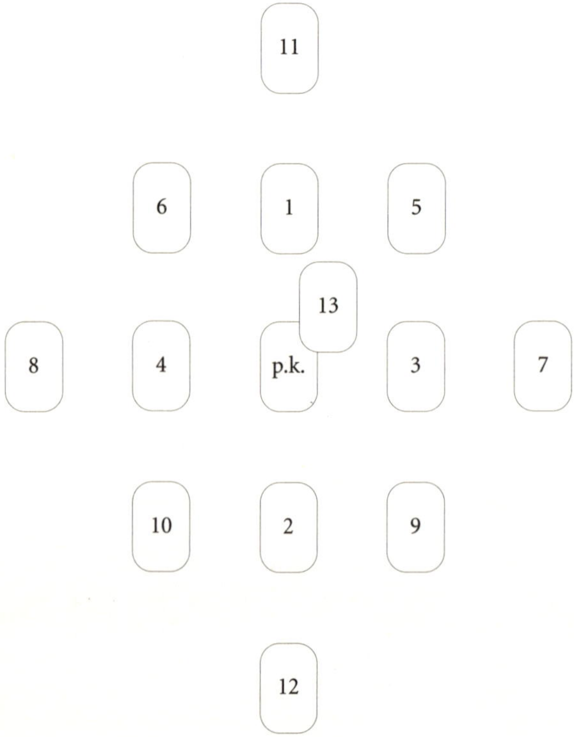

Die Methode nach Madame Lenormand (für ein Kartenspiel zu 36 Blatt)

Madame Lenormand arbeitete für gewöhnlich mit dem Pikettspiel zu 32 Blatt: As, König, Dame, Bube, Zehn, Neun, Acht und Sieben in den vier Farben sowie die vier Zweien, so daß man 36 Blatt erhält.
Die 36 Spielkarten werden gemischt, mit der linken Hand abgehoben und von links nach rechts in vier Reihen auf dem Tisch ausgelegt.
Jeder Karte ist eine bestimmte Lebenssituation des Menschen zugeordnet. Die 36 Lebenssituationen sind:

1. Pläne
2. Wünsche
3. Gelingen
4. Hoffnung
5. Überraschung
6. Verlangen
7. Hindernisse
8. Dankbarkeit
9. Vereinigung
10. Verlust
11. Enttäuschung
12. Zustand
13. Freude
14. Liebe
15. Wohlstand
16. Ehe
17. Kummer
18. Beliebtheit
19. Erbschaft
20. Schwierigkeiten
21. Rivalität
22. Geschenk
23. Liebste(r)
24. Erfolg
25. Hilfe
26. Unternehmung
27. Veränderung
28. Ende
29. Fortschritt
30. Vertrauen
31. Glück
32. Vermögen
33. Dokumente
34. Freunde
35. Beruf
36. Gesundheit

Wahrsagetafel nach Madame Lenormand

Pläne	Wünsche	Gelingen	Hoffnung	Überraschung	Verlangen	Hindernisse	Dankbarkeit	Vereinigung
1	2	3	4	5	6	7	8	9
Verlust	Enttäuschung	Zustand	Freude	Liebe	Wohlstand	Ehe	Kummer	Beliebtheit
10	11	12	13	14	15	16	17	18
Erbschaft	Schwierigkeiten	Rivalität	Geschenk	Liebste(r)	Erfolg	Hilfe	Unternehmung	Veränderung
19	20	21	22	23	24	25	26	27
Ende	Fortschritt	Vertrauen	Glück	Vermögen	Dokumente	Freunde	Beruf	Gesundheit
28	29	30	31	32	33	34	35	36